D1727326

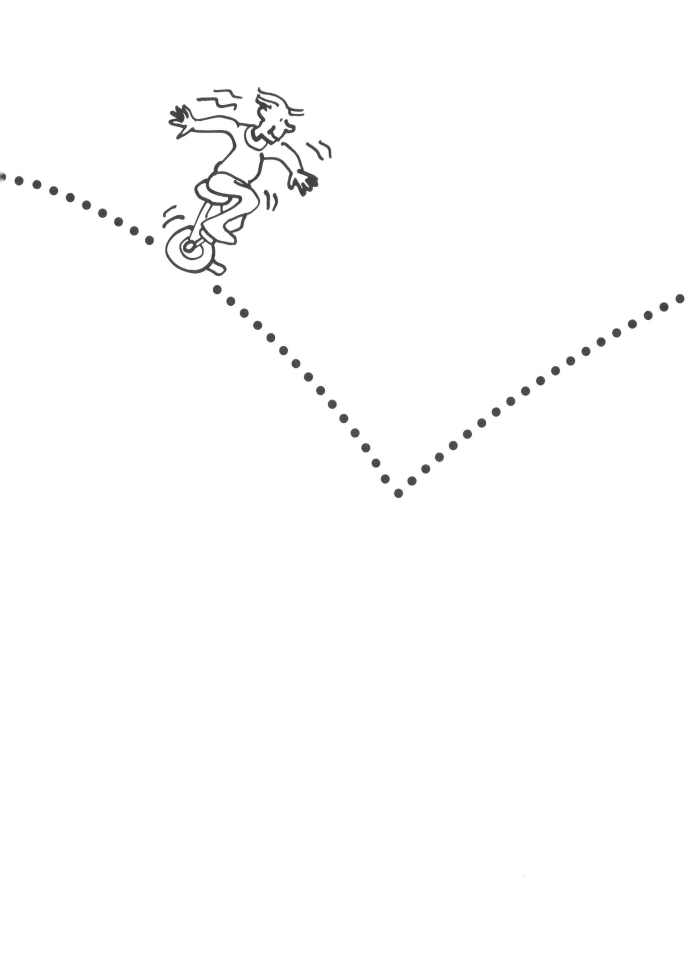

geradeaus Sprachbuch
acht

Ausgabe für Bayern

Erarbeitet von:
Angelika Endell
Hans-Werner Huneke
Gerd Schemel
Horst Schierhorn
Burkhard Vollmers

Unter Mitarbeit von:
Karin Alkofer

Gestaltung:
Arbeitsgemeinschaft Schulbuch
Bertron & Schwarz, Alfred Marzell,
Christina Ilg

Illustration:
Mathias Hütter, Alfred Marzell, Arne Beck

Ernst Klett Verlag
Stuttgart München Düsseldorf Leipzig

Inhaltsverzeichnis

Grammatik

Rechtschreiben

 Einzelarbeit

 Gruppenarbeit

 Schreibkonferenz

 Partnerarbeit

 Material mitbringen

 Freiarbeit: Sprachbuch-Spezial

Gesucht!

Der witzigste Limerick

Es war mal ein Girl in Hannover,
die saß immer faul auf dem Sofa.
Ihre Mutter befahl:
„Geh, beweg' dich doch mal!"
Da schwang sie sich seufzend
aufs Mofa.

1 Könnt ihr etwas über den inhaltlichen Aufbau eines Limericks sagen?　**Wer?**
Was?　**Wo?**
Welches Ergebnis?
Achtet auch auf das Reimschema.

2 Ordnet die Zeilen des mittleren Limericks in die richtige Reihenfolge. Das Reimschema muss eingehalten werden.

Sie isst im Stehen,
Eine Dame aus Obermühle
im Liegen und Gehen.
hat andauernde Hungergefühle.
Jetzt braucht sie zum Sitzen
zwei Stühle.

Limericks sind Unsinns-Gedichte, in denen ihr einmal eurer Kreativität, eurem Witz und Humor freien Lauf lassen könnt. Doch so unsinnig der Inhalt auch sein kann, die Form und das Reimschema müssen immer eingehalten werden. Auch der Rhythmus der einzelnen Zeilen muss aufeinander abgestimmt sein.

Ein Malermeister aus Saarbrücken
hat Schmerzen beim Streichen stets im Rücken.
Sein neues Konzept:
Massage auf Rezept!
Jetzt kann er sich nicht mal mehr bücken.

Limerick-Werkstatt

 **3** Limericks puzzeln oder selbst erfinden. Was wollt ihr machen?

Wählt A

Hier stellt ihr fünf Limericks zusammen. Sie beginnen alle mit einem Reim auf „-hausen".

A1 Wählt einen Ort aus, der mit „-hausen" endet, z. B. Babenhausen, Zuffenhausen, Neckarhausen.

A2 Ordnet die folgenden 25 Zeilen so, dass sich fünf Limericks ergeben. Die Farben helfen euch bei den ersten zwei. Die letzten drei müsst ihr aus den zehn grauen Zeilen zusammenstellen.

Achtet darauf,
● dass die erste Zeile immer mit einer Personen- und Ortsangabe beginnt: „Ein Mädchen in Epfenhausen ...",
● dass die 1., 2. und 5. Zeile denselben Reim haben und die 3. und 4. Zeile einen beliebigen anderen Reim.

Schreibt die Limericks auf.

Zwei Schüler in ...-hausen
Da kam ein Tier,
Seine Schüler, nicht übel,
ging ins Bad und wollte sich brausen.
ließen ihn kostenlos brausen.
Mit Wasser im Kübel.
verulkten stets in den Pausen
Ein Mädchen in ...-hausen
Die Folgen könnt ihr erraten.
Ein Schüler in ...-hausen
die Lehrer mit bösen Taten.
Sie zog sich aus,
spielte, den Kopf voller Flausen

da ließ er die Tasten gleich sausen.
in der Nacht Klavier.
sie flogen raus, die Banausen.
schlief immer ein in den Pausen.
Eine Kleine in ...-hausen
Sie geht zum Frisör,
Er verbrennt ihr die Kopfhaut beim Brausen.
Ein Lehrer in ...-hausen
das machte ihm Spaß, dem Banausen.
das sah der Klaus,
da geschieht ein Malheur.
wollt ihre Haare mal krausen.

7

oder B!

Hier versucht ihr eigene Limericks mit dem Anfangsreim „-ingen" zu schreiben.

B1 Zuerst müsst ihr euch auf eine Ortsangabe mit „-ingen" einigen:
Isingen, Lingen, Quettlingen ...

Versucht mögliche Reime auf das Schlüsselwort zu suchen:

singen   dringen
**   schwingen   ringen**
verbringen   schlingen
**   zwingen   klingen**
springen   gelingen
...

B2 Beginnt jetzt mit der 1. Zeile, der Personen- und Ortsangabe. Bedenkt aber, dass sich die 2. Zeile darauf reimen muss.

1. Zeile: **Es wollte ein Mädchen in Singen**

2. Zeile: **seinen Urlaub auf Rügen verbringen.**

Die 3. und 4. Zeile können einen beliebigen anderen Reim haben und beschreiben etwas Witziges oder Besonderes. Zum Mädchen im Urlaub passt beispielsweise:

3. Zeile: **Dort aß es am Strand**

4. Zeile: **eine Qualle mit Sand.**

Die letzte Zeile muss wieder den gleichen Reim wie die beiden ersten Zeilen haben und den Limerick inhaltlich abschließen, die junge Dame aus Singen könnte zum Beispiel mit Übelkeit ringen.

B3 Überlegt, wie man bei diesem Anfang die Lücke füllen kann:
1. Zeile: **Ein Junge meinte in Bingen**

2. Zeile: **er könnte ... ringen.**

Was fällt euch zu dem ringenden Jungen aus Bingen ein?

B4 Probiert es auch mit anderen Anfängen und lasst eurer Fantasie freien Lauf:

Es war mal ein .. in ...ingen
...

Ein Rocker, der ... in ...ingen
...

4 Vergleicht eure Limericks. Jede Gruppe trägt ihre Limericks laut vor.
Durch lautes Sprechen hört ihr, ob Silben eingefügt oder entfernt werden müssen. Welche lassen sich überarbeiten und verbessern?

Limericks international

**There was a young lady of Riga
who smiled as she rode on a tiger.
They came back from the ride,
with the lady inside
and a smile on the face of the tiger.**

**Comi um peixinho da horta,
peixinho verdura bem morta.
Reguei com tintol,
saquei o anzol,
e desapareci pela porta.**

**Ein Bub, der Schach speelt in Hesse,
will sich met Kasparow messe.
Aus em Speel
wärdt net vel.
Er hot die Reescheln vergesse.**

5 Die ersten Limericks wurden wohl in englischer Sprache geschrieben. Den oben abgedruckten berühmten Vers findet man auch in Nachschlagewerken, wenn man unter „Limerick" nachschlägt. Übersetzt ihn.

**Ne Kleene im Hotel uff Elba
schleckt jrad 'n Eis Pfirsich-Melba.
Ihr Macka sacht' ihr:
„Los, hol mir 'n Bier!"
„Ach", sacht se, „hol et dir selba."**

6 In welchen „Sprachen" sind die übrigen Limericks geschrieben? Überlegt, wie ihr sie übersetzen könnt. Schreibt die beiden Mundart-Limericks hochdeutsch auf.

7 Versucht auch einmal einen Limerick in eurer Umgangssprache oder eurem Heimatdialekt zu schreiben.

8 Ruft zu einem Limerick-Wettbewerb in eurer Schule auf. Die schönsten und witzigsten werden in der Schule ausgehängt.

Schreibideen

1 Auf den nächsten Seiten gibt es Schreibanregungen zum Auswählen. Ihr könnt kleine Texte schreiben, die für euch und vielleicht auch für andere interessant sind. Die Art der Veröffentlichung überlassen wir euch. Hier ein Vorschlag: Weißes Papier mit Pinsel und Wasserfarbe farbig grundieren, Texte übertragen und die Blätter aushängen. Vielleicht legt ihr sogar einen besonderen Platz fest, an dem von Zeit zu Zeit neue Texte dazu kommen.

Fantastische Bilder

Suche dir ein Bild aus. Antworte da... mit einem Text, der ... des Bildes dir b... einf...

Einmal andersherum

Nur noch die letzten Zeilen eines Textes si... ...en, der ...reibe

Tauschgeschichte

Du erwachst und stellst fest, dass du dich vom Jungen in ... Mädchen verwandelt hast ...childere,

Geschichten aus der Zukunft

Keiner weiß, wie ... Jahren sein wird ... über die Z... wird. B...

Antwort-Schreiben

Rückwärts-Schreiben

Weiter-Schreiben

Drauflos-Schreiben

Schreibanregungen

10

Drauflos-Schreiben

Wenn-dann-Geschichte

Beginne mit einer Anfangssituation, spinne sie weiter, wiederhole immer den letzten genannten Satz.
Zum Beispiel so:
Wenn ich alles kann, ist die Deutschstunde kein Problem für mich. Wenn die Deutschstunde kein Problem für mich ist, gehe ich gerne in die Schule. Wenn ich gerne in die Schule gehe, fühle ich mich gut. Wenn ich mich gut fühle, rufe ich Alina an. Wenn ich …

Reizende Wörter

Schreibe in drei Minuten alle Wörter auf, die dir zum Wort „Liebesbrief" oder „Glück" oder „Zeugnis" einfallen. Unterstreiche in deiner Wörtersammlung die fünf wichtigsten Wörter.
Mit ihnen sollst du einen Text zu dem gewählten Reizwort schreiben. Dein Text kann ein Gedicht sein, eine kurze oder lange Geschichte, eben das, was dir zu den fünf Wörtern einfällt.

Tauschgeschichte

Du erwachst und stellst fest, dass du dich vom Jungen in ein Mädchen verwandelt hast oder umgekehrt. Schildere, was du an diesem Tag erlebst und empfindest.
Zum Beispiel so:
Gibt's doch gar nicht! Katastrophe! Ich bin aufgestanden wie jeden Morgen, habe mich beim Kämmen im Spiegel gesehen und konnte es nicht glauben …

Gefüllte Wörter

Ihr einigt euch in einer Gruppe auf ein längeres Wort, z. B. „Vertrauen". Schreibt auf ein großes Stück Papier die Buchstaben des Wortes senkrecht untereinander von oben nach unten.
Sucht zu jedem Anfangsbuchstaben ein weiteres Wort, vielleicht passt es sogar zum Ausgangswort. Aus einigen der gesammelten Wörter versucht ihr gemeinsam eine Geschichte zu schreiben.

V ...
E ...
R ...
T ränen
R ...
A ...
U nruhig
E ...
N ...

Mini-Comic

Schneide aus Comic-Heften, die du auch seitenweise kopieren kannst, wahllos Einzelbilder und Sprechblasen heraus. Wirbele sie mit Klebstoff zu einer ganz neuen Geschichte zusammen.

Stumme Texte

Für ein stummes Schreibgespräch wird ein großes Stück Papier ausgelegt. Alle Gruppenmitglieder sind mit Stiften ausgerüstet und schreiben irgendwo auf dem Papier los – alles, was einem einfällt, ob coole Sprüche, Forderungen, Kommentare zu den Einfällen der anderen …
Ganz wichtig dabei ist: Es darf nur geschrieben, auf keinen Fall gesprochen werden.

Weiter-Schreiben

Geschichten aus der Zukunft

Keiner weiß, wie es in hundert Jahren sein wird, was man über die Zeit davor denken wird.
Begib dich auf eine Zeitreise, schreibe den Anfang der Geschichte weiter:

Mittlerweile weiß wohl jeder, dass Schnellstraßen und Abgase nicht in die Natur passen, aber es hat ziemlich lange gedauert, bis die Menschheit das kapierte. War wohl überlebenswichtig. Jedenfalls gibt es seit dem Jahr 2050 immer weniger Autos. Früher muss das ja schrecklich gewesen sein, ich weiß das von meinen Eltern und von CDs oder aus Büchern, die ich finden konnte. Heute können alle ...

Neulich in der Turnhalle

Was der Lederturnschuh und die übrigen Turnschuhe erleben, hängt von dir ab. Schreibe den Text weiter.

Neulich in der Turnhalle, genauer in der Umkleidekabine, war was los. Sagte doch der Lehrer, dass alle barfuß erscheinen sollen. Nun standen wir da, oder besser, lagen wir verstreut auf dem Boden. Ein Blick nach links, ich konnte den knöchelhohen Nachbarn aus Kunststoff noch nie leiden. Als Lederturnschuh hatte ich schon einige Zeit auf dem Buckel, äh, der Ferse. Und plötzlich kam Leben in die Bude, ein niegelnagelneuer Outdoor-Schuh ...

Rückwärts-Schreiben

Einmal andersherum

Nur noch die letzten Zeilen eines Textes sind erhalten, der Rest ist verschollen. Schreibe das, was diesen Schlusssätzen vorausgegangen sein mag, auf. Welchen der folgenden Schlusssätze wählst du aus?

... Und so verlor der Zombie seinen Fuß zum dritten Mal.

... Und seither zieht man in Köln nicht mehr den Hut, wenn einer rülpst.

... Doch niemand wollte ihm glauben, obwohl er die Haifischflosse, die Satellitenschüssel und den noch warmen Apfelkuchen als Beweis auf den Tisch legte.

... Und deshalb gibt es in vielen Ländern der Erde elektrische Zahnbürsten.

Noch einmal andersherum

Im Lesebuch suchst du selbst nach interessanten Schlusssätzen. Das, was vorausgegangen sein mag, entwirfst du selbst.

Antwort-Schreiben

Alltagsgedicht

Den Text von Bertolt Brecht kannst du als Vorlage nehmen, um dann ein eigenes Alltagsgedicht zu schreiben. Reihe deine Empfindungen ähnlich auf wie Brecht.

Bertolt Brecht
Vergnügungen
Der erste Blick aus dem Fenster am Morgen
Das wiedergefundene alte Buch
Begeisterte Gesichter
Schnee, der Wechsel der Jahreszeiten
Die Zeitung
Der Hund
Die Dialektik
Duschen, Schwimmen
Alte Musik
Bequeme Schuhe
Begreifen
Neue Musik
Schreiben, Pflanzen
Reisen
Singen
Freundlich sein.

L. Wendell
Vergnügungen
Das frische Brötchen auf dem Teller am Morgen
Die wiedergefundene leckere Marmelade
Begeisterte Gesichter
Sonne, willkommener Wechsel der Tageszeit
Kicker
...

A. Gräfe
Belastungen
Der erste Blick auf die Uhr am Morgen
Die Mutter, die immer das Gleiche sagt
Müde Gesichter
Regen, der Wechsel von Sonne zu Regen
Die Katastrophen in den Nachrichten
...

Dialektik die: eine Denkweise, dabei geht es um die Lösung von Gegensätzen und Widersprüchen

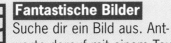

Fantastische Bilder

Suche dir ein Bild aus. Antworte darauf mit einem Text, der dir beim Betrachten des Bildes einfällt.

In Ruhe betrachtet

1 Seht euch das Bild genau an. Lasst euch Zeit. Schreibt in die Mitte eines leeren Blattes, was euch am meisten beeindruckt. Schreibt jetzt eure Gedanken und Eindrücke, eure Fragen und Entdeckungen rund herum.

In diesem Kapitel kommt ihr durch das Betrachten von Bildern zu Texten, bei denen eure eigenen Gedanken und Gefühle wichtig sind.

2 Sprecht über eure Eindrücke. Was ist euch bei dem Bild zuerst aufgefallen? Was gefällt euch besonders?
Was könnt ihr nicht sofort verstehen?
Welche Stimmung vermittelt das Bild?

3 Das Bild des spanischen Malers Murillo hat bei euch ganz unterschiedliche Reaktionen ausgelöst. Seht euch jetzt das Bild einmal ganz genau an.

Bildet Gruppen, die sich dann auf bestimmte Ausschnitte des Bildes konzentrieren. Die Gruppen machen sich Notizen, damit sie später den anderen ihre Entdeckungen, Vermutungen und Gedanken mitteilen können.
Welchen Bildausschnitt wollt ihr euch genauer ansehen?

Wählt A, B oder C!

Deckt das große Bild so ab, dass nur noch der Junge mit dem Hund zu sehen ist.

Der Junge:
Was fällt euch auf? Wo schaut er hin? Was denkt er wohl? Was tut er? Wie alt ist er? Seine Kleidung? Seine Füße? …

Der Hund:
Wo schaut er hin? Wie schaut er? Was tut er? Was passiert gleich? …

Konzentriert euch auf die spielenden Jungen.
Was tun sie genau? Wer gewinnt? Woraus lässt sich das vermuten?

Das Licht:
Von wo kommt es? Was hebt es besonders hervor? Was liegt im Schatten? Warum wohl? Gibt es Hinweise auf den Sieger?

Der rechte Junge:
Was denkt er wohl? Was fällt euch besonders auf? Warum? Seine Kleidung? Sein Körper? Seine Haltung? Welche Zahl hat er gewürfelt? …

Der linke Junge:
Sein Gesicht? Seine Hand? Seine Kleidung? Welche Zahl hat er gewürfelt? Was passiert wohl gleich? …

Betrachtet genau die Umgebung.
Achtet auf die Einzelheiten:
Gemäuer
Tonkrug
Korb mit Zitronen
Hintergrund
Pflanzen
…

4 Tragt eure Ergebnisse in der Klasse vor und sprecht darüber. Wie könnte das Bild heißen? Wo spielt die Szene? In welcher Zeit? Begründet eure Vermutungen.

5 Ihr habt das Bild jetzt sehr genau betrachtet. Schreibt noch einmal eure Gedanken und Eindrücke zu dem Bild auf. Stellt heraus, was euch besonders gefällt, wie das Gemälde auf euch wirkt, was ihr vermutet, welche Fragen noch offen bleiben.

Vielleicht beginnt ihr so:

> Das Bild ist für mich fröhlich und traurig zugleich. Ich meine damit ...

oder so:

> Eigentlich kann ich mit solchen Bildern nicht viel anfangen. Diese drei Jungen jedoch ..

oder ganz anders.

6 Wer will, kann sich auch in seiner Fantasie in einen der Jungen hineinversetzen – oder in den Hund – und eine Ich-Geschichte schreiben.

7 Lest eure Texte laut vor. Was ist gleich und was ist unterschiedlich?

Ich sehe das so

 8 Auf der Seite gegenüber ist ein ganz anderes Bild abgedruckt. Lass das Bild auf dich wirken ohne mit anderen darüber zu sprechen. Schreibe jetzt Fragen auf, die dir zu dem Bild einfallen:

Wer könnte die Frau sein? Wo ...? Warum ...? Ist die Frau ...? Was ...? Wieso ...?

9 Wie wollt ihr mit dem Bild arbeiten?

Wer mit anderen zusammen seine Gedanken zu dem Bild aufschreiben will

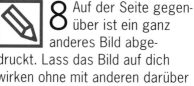 **A1** Versucht die Fragen zu beantworten, die ihr euch gestellt habt. Überlegt, wie es zu der Situation auf dem Bild gekommen sein könnte. Begründet diese Vermutungen. Achtet dabei besonders auf den Gesichtsausdruck der Frau und auf die Umgebung.

A2 Macht euch gegenseitig auf Einzelheiten aufmerksam: Kleidung – Heizkörper – im Raum – draußen ...

A3 Warum hat der amerikanische Maler Edward Hopper diesem Bild wohl den Titel „Automat" gegeben?

A4 Überlegt euch einen anderen Titel für das Bild. Begründet ihn.

A5 Schreibt jetzt eure Gedanken und Eindrücke auf.

B oder C!

Wer einen Brief schreiben will, der etwas mit der Frau zu tun hat

 B 1 Stell dir vor, die Frau erhebt sich und verlässt den Raum. Dabei fällt ihr ein Brief aus der Tasche. Du kannst fünf Worte erkennen. Schreibe diese Worte ohne viel zu überlegen auf.

B 2 Die Frau kommt längere Zeit nicht wieder. Du bist neugierig geworden, hebst den Brief auf und liest ihn. Schreibe auf, was in dem Brief steht.

B 3 Vergleicht eure Ergebnisse. Habt ihr mehr lustige, spannende oder traurige Briefe geschrieben?

Wer eine Szene spielen will, die zu dem Bild passt

C 1 Stellt die Szene im Café nach. Eine oder einer nimmt die Haltung der Frau möglichst genau ein, denkt sich in die Frau hinein und spricht aus dieser Haltung heraus einen Satz, der ihr oder ihm passend erscheint. Dann beantwortet sie oder er Fragen aus der Gruppe: Wer sind Sie? Woher kommen Sie? Was machen Sie hier? ...? Jetzt nimmt ein anderer die Rolle der Frau ein usw.

C 2 Beobachtet die Szenen und sprecht über die unterschiedliche Darstellung der Situation und über die Sätze, die gesagt wurden.

C 3 Lasst das Bild lebendig werden. Erfindet eine Szenenfolge. Stellt dar, was sich im Café abspielt. Lasst die Frau „laut denken". Es kommt jemand hinzu und beginnt ein Gespräch mit der Frau ...

10 Stellt eure Ergebnisse in der Klasse vor und sprecht auch über die Erfahrungen, die ihr bei der Arbeit gemacht habt.

11 Schaut euch jetzt noch einmal Hoppers Bild ganz in Ruhe an. Seht ihr es nun mit „anderen Augen"?

Kriminelle Fantasie

1 Versucht die Handlung des Krimis, der hier entstehen soll, zu konstruieren. Wie ist die Entführung abgelaufen, wie geht die Geschichte zu Ende? Worin liegt eurer Meinung nach die eigentliche Pointe?

2 Was könnten die fünf Personen, die hier vorkommen, aus ihrer Sicht jeweils erzählen, was nicht?

Krimis lesen sich oft interessanter, wenn man sie aus einer bestimmten Sichtweise, einer Perspektive, erzählt. Diese Erzähltechnik könnt ihr hier kennen lernen, ausprobieren und selbst als Krimiautor verwenden.

Pointe die [poɛ̃:tə]: überraschende, oft witzige Wendung, springender Punkt

Wir **h**a**ben** ihre **To**cht**ер**! w**ENN** Sie sie l**E**be**ndi**G w**iE**D**e**r **Se**H**e**n B**E**s**o**R**gen** sie W**o**rl**e**n in G**E**B**RAU**CH**TEn** $ 5**oo** 0**,0** w**i**r **rU**f**e**n Si**e** a**n** SCH**Einen**

Personen
– Linda Sanchez
– Direktor Pedro Sanchez, Lindas Vater
– Tommy Blackwell und Danny „Scarface" McGregor
– Lieutenant Isaac Bloomfield

„... wussten wir aufgrund der Fahrgeräusche und des Satzes „Hol mir mal'n Bier aus'm Kühlschrank!", dass es sich um ein Wohnmobil handeln musste. Über die Fahrtroute waren wir gut informiert, da der Beifahrer dem offensichtlich ortsunkundigen Fahrzeugführer genaue Anweisungen gab und dabei viele Straßennamen nannte. Der Zugriff erfolgte dann an der Ampelanlage Central Station, die von der Verkehrspolizei auf Rot geschaltet ..."

15-Jährige verschwunden
Chicago. Seit gestern ist Linda S., Tochter eines Sportgeräte-Fabrikanten aus dem Chicagoer Raum, spurlos verschwunden. Die Polizei kann ein Verbrechen nicht ausschließen und bittet dringend ...

„... und dann, Daddy, als du nach einem Lebenszeichen von mir gefragt hast, hat mir der eine Typ das Klebeband vom Mund abgemacht. Er hat mir ein Handy hingehalten und die Zeitung von heute und ich musste die Schlagzeilen vorlesen. Machen konnte ich nichts, ich war ja an den Sitz gefesselt. Aber als sie beide wieder vorne saßen, da ist das Handy auf den Boden gerutscht. Ich konnte ganz vorsichtig mit dem Fuß drankommen und mit dem großen Zeh habe ich die Taste für Wahlwiederholung gedrückt ..."

3 Untersucht in jeder Gruppe die Sicht einer der Personen: Linda, ihr Vater, Entführer, Kriminalpolizist. Überlegt nun, welche Informationen diese Person über das Geschehen haben kann, welche nicht. Fasst sie in einer stichwortartigen Aufstellung zusammen:

Linda: ...

Das kann die Person vom Geschehen berichten:	Das kann sie nicht berichten:
die Entführung	...

4 Haltet jetzt fest, wie ihr die Handlung ablaufen lassen müsst, wenn ihr sie ausschließlich aus der Sicht eurer Person erzählt. Notiert möglichst knappe Stichpunkte auf einer Overhead-Folie. Verwendet für jede Person eine besondere Farbe. Zeigt eure Ergebnisse in der Klasse und bittet die anderen sie zu überprüfen. Müsst ihr noch etwas ändern?

6 Entscheidet euch nun für eine Möglichkeit und schreibt die Geschichte auf. Achtet dabei besonders auf die Stellen, an denen ihr die Perspektive wechselt.

... „Hier ist dein Bier", hörte Bloomfield es aus dem Knopf in seinem Ohr quäken. „Tschschsch" – das musste der Verschluss der Büchse gewesen sein.
„Achtung, Sergeant!", bellte er ins Mikro der Einsatzzentrale, „drei – zwei – eins – jetzt auf Rot schalten!"
„Hier ist dein Bier." Danny nahm die rechte Hand vom Steuer des alten Chevy, griff nach der Dose und führte sie genüsslich an den Mund.
„Mann, die Ampel!" Brutal stieg Danny in die Bremsen und brachte den Van zum Stehen. Zwei Sekunden später wurden beide Türen ...

... „Achtung, Sergeant", bellte Bloomfield ins Mikro der Einsatzzentrale, „drei – zwei – eins – jetzt auf Rot schalten!"

„Mann, die Ampel", stieß Tommy erschrocken hervor. Danny ließ die Bierdose fallen, griff mit beiden Händen wieder ans Steuer des alten Chevy und stieg brutal in die Bremsen ...

5 Man kann oft besonders wirkungsvoll erzählen, wenn man die Pointe nicht vorwegnimmt, sondern als Überraschung für die Leser aufbewahrt. Dann darf man ihnen nicht gleich alle Informationen geben. Das könnt ihr erreichen, wenn ihr zunächst nur aus der Sicht einer Person erzählt und dann auf die Sicht einer anderen Person überwechselt. Ihr könnt verschiedene Möglichkeiten auf dem Overheadprojektor ausprobieren, wenn ihr eure Folien von Aufgabe 4 zerschneidet und entsprechend anordnet.

Perspektivenwechsel – Tipps für Autoren:
- Erzählt so, dass die Perspektive für die Leser überraschend wechselt.
- Gebt ihnen darum genügend Informationen darüber, wer die handelnden Personen vor und nach dem Wechsel sind.
- Informiert sie über den Ort der Handlung vorher und nachher.
- Probiert aus, wie es besser wirkt: Soll sich die Handlung vorher und nachher überlappen? Soll die neue Handlung unmittelbar an die alte anschließen? Wollt ihr eine kleine Lücke einbauen, die die Leser selbst mit ihren Vermutungen schließen müssen?
- Ihr solltet an der entsprechenden Stelle im Text unbedingt einen Absatz, einen Einzug o. Ä. machen.

... „Achtung, Sergeant", bellte Bloomfield ins Mikro der Einsatzzentrale, „drei - zwei - eins - jetzt auf Rot schalten!"

Beide Türen des alten Chevy wurden gleichzeitig aufgerissen. Noch ehe Blackwell und McGregor begriffen, was mit ihnen geschah, fühlten sie das kalte Eisen der Handschellen ...

Minikrimis

 7 Schreibt euren eigenen Minikrimi und experimentiert dabei mit dem Perspektivenwechsel.

Wählt A

Wenn ihr eine vorgeschlagene Handlung zu einem spannenden Minikrimi ausgestalten wollt

In der Schmuckabteilung des Kaufhauses M. Ehrwert & Co. lässt sich eine sonnenstudiogebräunte, fünfzigjährige Dame mehrere teure Halsketten zeigen. Als die Verkäuferin eine weitere aus dem Lager holt, nimmt sie die wertvollste Kette vom Tisch und will sie anlegen. Der Verschluss klemmt jedoch und sie wendet sich an einen ungepflegten, nervös wirkenden jungen Mann in Jeans und T-Shirt, der ihr zugesehen hat. Sie weiß nicht, dass das der neue Kaufhausdetektiv ist. „Meine alte gefällt mir doch am besten. Können Sie mir mal helfen?", spricht sie ihn an. – Ruhig verlässt sie dann die Abteilung. Der Detektiv lässt die Diebin jedoch am Ausgang von einem „schwarzen Sheriff" des Kaufhauses festhalten. Sie ist ziemlich überrascht.

In der Fassung oben ist die Geschichte nicht besonders spannend, die Pointe kommt nicht richtig zur Wirkung. Schreibt eine neue Fassung, in der ihr einen **Perspektivenwechsel** einbaut.
Zum Beispiel so:

Gleich um 10 betrat eine sonnenstudiogebräunte Fünfzigjährige die Schmuckabteilung des Kaufhauses Ehrwert & Co. Sie grüßte kaum ...
...
... sprach einen ungepflegten, nervös wirkenden jungen Mann in Jeans und T-Shirt an ...
...

Die Leser werden nicht im Traum darauf kommen, dass das der Kaufhausdetektiv ist!

„... aber woher wissen Sie denn das?", fragte sie den Uniformierten mit dem schwarzen Barett.

Genau das fragen sich die Leserinnen und Leser jetzt auch!

Müller blieb im Hintergrund. Wozu unnötig auffallen? Grinsend steckte er sich das T-Shirt in die Jeans. Der neue Chef würde zufrieden sein: Gleich am ersten Arbeitstag hatte er ...

Wechsel der Perspektive von der Frau zum Detektiv:
Erst hier sollen die Leser merken, dass der junge Mann der Kaufhausdetektiv ist.

Welche Ideen habt ihr? Schreibt eure Version der Geschichte.

oder B!

Wenn ihr selbst eine Handlung für euren Minikrimi erfinden wollt

Erfindet selbst einen Krimi und gestaltet ihn möglichst effektvoll.

- Sammelt zunächst Ideen, was in eurem Krimi geschieht. Vielleicht inspirieren euch die Fotos.
- Überlegt nun, an welchen Stellen ihr die Perspektive wechseln wollt.
- Ihr könnt euch die Schreibarbeit in der Gruppe aufteilen, wenn ihr mit verschiedenen Perspektiven arbeitet. Achtet aber darauf, dass alles gut zusammenpasst.
- Überprüft: An welcher Stelle bekommt der Leser welche Informationen? Gelingt der Überraschungseffekt?

Leitfaden zum Krimi-Erfinden

❶ In welchem Milieu spielt die Erzählung? (auf dem Dorf, in einer Schule, bei der Mafia ...)

❷ Welches Verbrechen wird begangen?

❸ Welche Personen kommen vor?

❹ Welches Motiv gibt es für das Verbrechen?

❺ Wird das Verbrechen aufgeklärt? Wie?

❻ Kann man eine falsche Spur legen um die Spannung für den Leser zu erhöhen?

❼ Kann man interessante „Einlagen" einbauen? (eine Verfolgungsjagd, ein besonders gutes Versteck, ein ausgefallenes Beweismittel ...)

 8 Erprobt die Wirkung eurer Erzählungen in einer Schreibkonferenz. Dazu geht ein Mitglied aus jeder Gruppe in eine andere Gruppe und liest die Geschichte dort vor. Besprecht, ob noch etwas geändert werden sollte.

9 Wenn ihr wollt, könnt ihr eine Krimi-Vorlesestunde in eurer Klasse veranstalten.

21

**Dreh das Radio mal lauter.
Das Stück finde ich toll! ‚Holiday' von Madonna.**

Holiday? Das ist doch Cindy Lauper! Hört man doch!

**Ich habe den Song schließlich schon
tausendmal gehört. Kennst du das Stück überhaupt?**

**Also, Madonna kann ich von Cindy Lauper
immer noch unterscheiden. Und ‚Holiday'
ist es auf keinen Fall, da bin ich mir ganz ...**

Quatsch! Von Madonna verstehe ich mehr als du.

Was? Das sieht man ja, du Flasche.

... ...

1 Solche Streitgespräche hat bestimmt jeder schon einmal erlebt. Erinnert ihr euch an ähnliche Streitfälle, bei denen ihr selbst beteiligt wart oder die ihr bei anderen beobachten konntet? Erzählt davon.

2 Lest das Gespräch nun laut mit verteilten Rollen vor. Entscheidet, ab welchem Punkt der Dialog eurer Meinung nach lauter und heftiger wird. Ihr könnt beim Betonen ruhig etwas übertreiben.

3 Vielleicht wollt ihr das Streitgespräch vorspielen. Dann achtet neben Lautstärke und Betonung auch auf Mimik und Gestik.

In diesem Kapitel probiert ihr aus, was man tun und auch unterlassen sollte um sich bei Meinungsverschiedenheiten nicht gegenseitig fertig zu machen.

Streitexperimente

4 Mischt euch in das Streitgespräch über Madonna und Cindy Lauper ein. Probiert mehrere Möglichkeiten aus, wie das Gespräch verlaufen könnte.

Wählt A, B, C oder D!

Meinungsaustausch oder Besserwisserei?

A1 Klärt zunächst, worin eigentlich die Meinungsverschiedenheit in dem Gespräch besteht.

A2 Ein Rundfunksprecher könnte die Situation klären: „Das war der Titel ‚Holiday' von Madonna".
Wie reagieren darauf wohl die beiden Streitenden? Schreibt das Gespräch ab, ergänzt die Radioansage, notiert ein mögliches Gesprächsende.

A3 Sucht nach weiteren Beweisen, mit denen man die Meinungsverschiedenheit sachlich beenden könnte:
Geschwister befragen,
CD besorgen, ...
Notiert nun ein Gesprächsende, bei dem sich die Partner einigen.

Das freundlichste Streitgespräch aller Zeiten!

D Zwei Gesprächsteilnehmer sind unterschiedlicher Meinung darüber, welcher Musiktitel von welchem Interpreten gerade im Radio läuft.
Beide Redner gehen übertrieben höflich miteinander um.
Schreibt das Gespräch in einem übertrieben höflichen und freundlichen Ton auf und weiter:

Vorsicht, Gesprächskiller!

B1 Wie gehen die beiden Gesprächsteilnehmer miteinander um? An welcher Stelle wird das Gespräch unsachlich? Welches Verhalten behindert ein Gespräch, welches ist förderlich?

B2 Welche Gesprächskiller treffen eurer Meinung nach hier zu?
- unsachlich reden
- den Gesprächsteilnehmer beleidigen
- sich nicht auf den Vorredner beziehen
- den anderen beschuldigen
- den anderen nicht ausreden lassen
- den Partner provozieren
- ...

B3 Schreibt das Gespräch um, indem ihr die Gesprächskiller weglasst und einige Stellen sachlicher und höflicher gestaltet.

„Würdest du das Radio bitte mal lauter drehen? Das Stück gefällt mir nämlich sehr gut. Kennst du es auch, ‚Holiday' von Madonna?"

„Du, ich glaube nicht, dass du damit Recht hast. Ich vermute sogar, es ist Cindy Lauper."

Wer spricht hier mit wem?

C1 Gesprächspartner gehen oft unterschiedlich miteinander um, je nachdem, ob sie sich mögen oder sich ablehnen. Wie beurteilt ihr die Beziehung dieser beiden Gesprächspartner?

C2 Wie würde die Meinungsverschiedenheit verlaufen, wenn
- Geschwister
- dicke Freunde
- Kind und Elternteil
- Jugendlicher und Erwachsener
- oder ...
miteinander sprechen?

C3 Wählt ein Gesprächspaar aus, das sich mag. Entwerft einen neuen Gesprächsverlauf, schreibt ihn auf.

5 Alle Gruppen stellen die Aufgabe, die sie hatten, und ihre neuen Gesprächsentwürfe in der Klasse vor.
Lest oder besser noch spielt die verschiedenen Gespräche vor. Welche Rolle spielt in euren neuen Gesprächen folgendes Verhalten:
- dem Gesprächspartner zuhören,
- auf den Gesprächspartner eingehen?

23

Streitfälle

6 Meinungsverschiedenheiten gibt es natürlich nicht nur zwischen zwei Gesprächspartnern, sondern auch innerhalb von Gruppen. Worüber gibt es in eurer Klasse verschiedene Meinungen? Stellt eine Liste von Forderungen auf.

Was fällt euch noch ein?

Ich will Techno-Musik in der Pausenhalle hören.
Ich will, dass die Sitzordnung in der Klasse verändert wird.
Ich will, dass wir bei der nächsten Klassenfahrt in ein Sporttrainingslager fahren.
Ich will ...

7 Rollenspiel Achtung: Wählt drei Redner aus eurer Klasse aus und schickt sie nach vorne zur Tafel. Lest ihnen vor, wie sie sich auf das Spiel vorbereiten müssen. Anschließend verlassen sie das Klassenzimmer.

Was die Redner vorbereiten müssen
Die drei Redner bereiten gemeinsam einen 2-Minuten-Vortrag zu einem der Themen aus Aufgabe 6 vor. Jeder der drei Redner hält den gleichen Vortrag, mit dem er die Klasse von seiner Meinung überzeugen will. Die drei Redner bereiten ihre Vorträge vor der Tür vor und werden später einzeln und nacheinander in die Klasse gerufen. Sie müssen dann zwei Minuten durchhalten und über das Thema sprechen.

Was die Klasse vorbereiten muss
Während die drei Redner draußen sind, legt die Klasse fest:
● Einem Redner wird während und nach seinem Vortrag nur Zustimmung entgegengebracht, er wird für seine Vorschläge und Forderungen gelobt, ihm wird gezeigt, dass die Klasse mit ihm einer Meinung ist.
● Einem Redner wird nicht zugehört. Die Klasse tut, als ob er nicht da wäre, übersieht und ignoriert ihn.
● Einen Redner überschüttet die Klasse mit Gesprächskillern. Alles, was er zu sagen hat, wird abgelehnt. Er wird unterbrochen, jedoch nicht persönlich beleidigt.

8 Führt das Rollenspiel durch. Alle drei Redner kommen nacheinander in die Klasse und halten ihren Vortrag.

9 Auswertung des Rollenspiels

Befragt die drei Redner:
Wie hast du dich in der Situation gefühlt? Wie hat die Klasse auf deinen Vorschlag reagiert? Hast du dein Verhalten während deines Vortrags verändert?

Fragen an die ersten beiden Redner: Was hast du gedacht, als du die Reaktionen der Zuhörer auf die oder den anderen Redner beobachtet hast?

10

Überlegt nun mit der ganzen Klasse, welche Bedeutung eure Erfahrungen, die ihr im Rollenspiel gemacht habt, für Meinungsverschiedenheiten im Alltag haben.

11

Was haltet ihr von folgenden Redebeiträgen? Sprecht darüber.

„Hört ihr mir bitte einen Moment zu? Ich möchte meine ganz persönliche Meinung dazu sagen.“

„Ich finde das schon richtig, was du sagst, aber meinst du nicht auch, wir sollten über den einen Punkt noch genauer sprechen?“

„In diesem Punkt bin ich ganz anderer Meinung als du, ich kann das auch begründen.“

12

Nehmt Fernsehsendungen auf, in denen es in Gesprächen hoch hergeht. Spielt euren Mitschülerinnen und Mitschülern drei Minuten ein Gespräch ohne Ton vor, lasst sie beobachten und vermuten,

- wer der Diskussionsleiter ist,
- wer gegensätzliche Meinungen vertritt,
- wer in der Diskussion laut wird,
- wer ruhig und sachlich teilnimmt,
- wer sich in den Vordergrund drängt.

13 Reden ist Silber, Schweigen ist Gold.

Was bedeutet dieses Sprichwort? Was haltet ihr davon? Kennt ihr Streitgespräche, bei denen man das Sprichwort anwenden oder bei denen man es besser nicht anwenden sollte?

Misch dich da nicht ein!

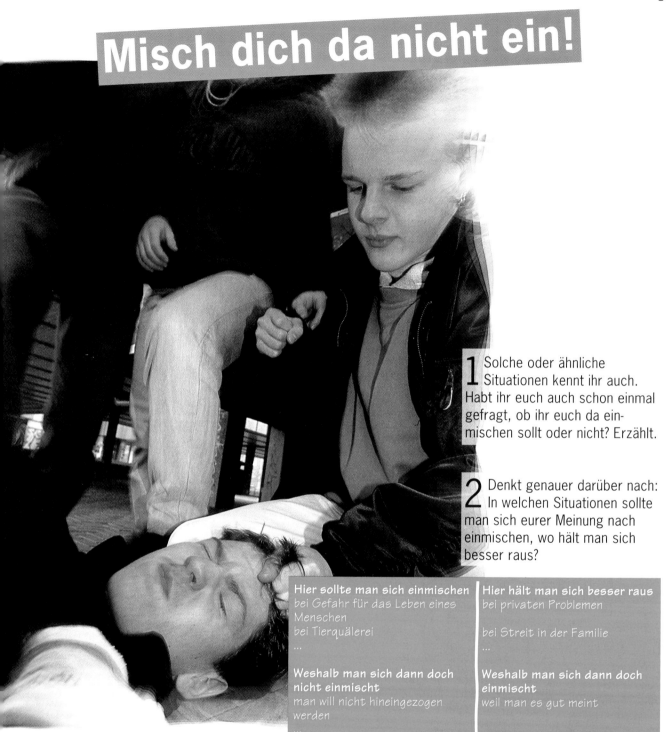

1 Solche oder ähnliche Situationen kennt ihr auch. Habt ihr euch auch schon einmal gefragt, ob ihr euch da einmischen sollt oder nicht? Erzählt.

2 Denkt genauer darüber nach: In welchen Situationen sollte man sich eurer Meinung nach einmischen, wo hält man sich besser raus?

Hier sollte man sich einmischen	**Hier hält man sich besser raus**
bei Gefahr für das Leben eines Menschen	bei privaten Problemen
bei Tierquälerei	bei Streit in der Familie
...	...
Weshalb man sich dann doch nicht einmischt	**Weshalb man sich dann doch einmischt**
man will nicht hineingezogen werden	weil man es gut meint
...	...

3 Sucht Gründe, weshalb sich Menschen in den Situationen, die ihr gefunden habt, doch anders verhalten. Schreibt eure Begründungen darunter.

In diesem Kapitel betrachtet ihr Probleme von verschiedenen Seiten und besprecht sie mit anderen. Man nennt das **ein Problem erörtern**.

Argumente und Gegenargumente

4 Stellt euch konkrete Situationen vor, in denen man sich einmischen soll. Es können erlebte oder ausgedachte Situationen sein. Sammelt sie.

> ● Sich einmischen, wenn jemand bedroht wird:
> Ein Schüler wird von einem anderen angegriffen,
> weil er ihm im Weg steht. Der eine fasst den
> anderen Jungen am Hals und schreit ihn an.
> Ihr steht daneben. Was tut ihr?
>
> ● ...

 5 Entscheidet euch für eine Situation, mit der ihr euch gemeinsam beschäftigen wollt. Teilt die Klasse in eine
Pro-Gruppe:
„Ich würde mich einmischen"
und eine
Kontra-Gruppe:
„Ich würde mich nicht einmischen".

6 Jede Gruppe überlegt, welches das wichtigste Argument für ihre Meinung ist.
Eine Sprecherin oder ein Sprecher der Pro-Gruppe und der Kontra-Gruppe trägt das Argument kurz vor:

Wir würden uns einmischen, weil ...

Wir würden uns nicht einmischen, da ...

 7 Denke jetzt über die Frage mit Hilfe der PMI-Methode nach:

2 Minuten:	**P (Plus)**	Was spricht dafür?
2 Minuten:	**M (Minus)**	Was spricht dagegen?
2 Minuten:	**I (Interessant)**	Was wäre interessant zu wissen?

Denke allein nach. Lass dir für jede Denkrichtung genau zwei Minuten Zeit.

8 Sammelt in eurer Gruppe, welche Gedanken ihr zu P, zu M und zu I hattet. Notiert eure Überlegungen.

9 Überlegt jetzt noch einmal, ob ihr in der richtigen Gruppe seid. Wechselt die Gruppe, wenn ihr jetzt zu einem anderen Ergebnis gekommen seid.

Eine Diskussion vorbereiten

10 Bereitet euch nun auf ein Gespräch mit der anderen Gruppe vor. Es sollen Argumente ausgetauscht und erörtert werden. Jeder versucht den anderen von seiner Meinung zu überzeugen.

Argumente wirken glaubwürdiger, wenn man sie zusätzlich absichert. Notiert die Argumente und die Sicherungen, die ihr später im Gespräch vorbringen wollt.

Meinung
Man sollte sich einmischen,

Argument
weil man dem Schwächeren helfen muss.

Argument
...

Sicherung
ein Beispiel nennen

Sicherung
sich auf Tatsachen berufen

Sicherung
...

Damals vor ungefähr zwei Jahren, als ich im Bus so herumgestoßen und geschlagen wurde, war ich froh, dass sich zwei größere Jungs eingemischt haben.

...

...

11 Durch die PMI-Methode habt ihr auch schon bedacht, was die andere Gruppe in der Diskussion vorbringen wird. Überlegt, wie ihr die Argumente der anderen Gruppe entkräften könnt.

Argument: Der Kleine kann sich nicht alleine wehren.
Gegenargument: Wir wissen zwar, dass der Junge sich nicht alleine wehren kann, wenn wir aber eingreifen, wird es vielleicht noch schlimmer.

Argument: Da geht es wahrscheinlich um ein ganz persönliches Problem.
Gegenargument: Ich mische mich da vielleicht in etwas sehr Persönliches ein, aber Gewalt darf man nicht zulassen.

12 Bevor ihr mit der Diskussion beginnt, überlegt:
- Sollen ein oder zwei Vertreter für die ganze Gruppe sprechen?
- Mit welchem Argument wollt ihr die Gesprächsrunde eröffnen?
- Wollt ihr eure Argumente nach wichtig und weniger wichtig ordnen?

- Soll sich jeder an der Diskussion beteiligen und ein Argument vorbringen?
- Soll einer von euch zu Beginn der Diskussion eure Position deutlich machen?

Wir sind auf jeden Fall dafür, dass man sich einmischen soll, wenn Schülerinnen oder Schüler angegriffen werden, denn ...

Unserer Meinung nach ist es nicht gut, wenn man sich in Streitereien einmischt. Wir glauben nämlich, dass ...

Eine Diskussion führen

13 Setzt euch jetzt in zwei Gruppen gegenüber. Wählt eine Gesprächsleiterin oder einen Gesprächsleiter, die oder der eingreifen soll, wenn die Diskussion nicht gut läuft, wenn es z. B. zu laut wird, jemand nicht zu Wort kommt, das Gespräch stockt ...

14 Ihr könnt während der Diskussion in die andere Gruppe überwechseln, wenn euch deren Argumente überzeugen. Hat das Gespräch dazu geführt, dass ihr jetzt Argumente und Aspekte seht, an die ihr vorher nicht gedacht habt?

Jetzt habt ihr verschiedene Standpunkte zu einem Thema ausgetauscht, ihr habt das Thema in der Klasse erörtert.

Im Sielhafen ertrunken

15 Dieser Artikel lässt viele Fragen offen.

- Was haltet ihr von so einer Wette?
- Haben sich die Beteiligten richtig verhalten?
- Warum ist die Begleiterin wohl weggeschwommen?
- Warum haben die Leute im Ruderboot nicht geholfen?

Erörtert die Fragen. Haben sich die Beteiligten richtig verhalten? Bereitet euch auf das Gespräch vor. Sucht wieder Argumente und Gegenargumente wie für die vorausgehende Diskussion.

Mann stieg vermutlich wegen Wette ins Wasser – Hunderte Schaulustige

Carolinensiel -mm- Der Abschluss des Straßenfestes in Carolinensiel wurde gestern Abend von einem schweren Unglücksfall überschattet: Vor den Augen Hunderter Zuschauer ertrank im Sielhafen ein 34-jähriger Carolinensieler, der vermutlich wegen einer Wette mit seiner Begleiterin ins Wasser gestiegen war.

Wie Augenzeugen gegenüber dem „Anzeiger" berichteten, befand sich das Paar kurz vor 18 Uhr schwimmend im Hafenbecken, als das Unglück geschah. „Zunächst hielt sich der Mann über Wasser, tauchte unter, kam noch einmal hoch und sackte dann ganz weg", so ein Augenzeuge. Um Hilfe habe der 34-Jährige nicht gerufen.

Die Begleiterin des Untergegangenen sei sofort an Land geschwommen. Die Insassen eines Ruderbootes, das unmittelbar neben den beiden Schwimmern im Wasser gewesen sei, hätten das Weite gesucht statt Hilfe zu leisten, berichtete eine Zeugin. Die Polizei bestätigte den Vorfall.

Mehrere Augenzeugen sprangen daraufhin ins Wasser, konnten den Mann aber nicht mehr finden.

Unter den Augen Hunderter Schaulustiger – viele holten sich gar Stühle um der Rettungsaktion besser folgen zu können – suchten Helfer den Hafengrund von Booten aus mit Stangen ab – vergeblich. Die DLRG-Taucher aus Esens, die nach einer guten halben Stunde in Carolinensiel eintrafen, konnten den Mann gegen 19.20 Uhr nur noch tot aus dem Hafenbecken bergen. Die Ermittlungen dauern an.

16 Mehrere Tage hintereinander standen immer wieder Berichte und Meinungen zu dem Unglück in der Zeitung. Lest die Ausschnitte. Hat sich eure Meinung über die Beteiligten durch die zusätzlichen Informationen geändert? Notiert, was euch immer noch unverständlich erscheint.

Tragödie im Hafen wirft immer noch Rätsel auf

Das Urlauber-Paar im Tretboot wollte nach eigener Aussage dem ertrinkenden Carolinensieler doch helfen. Der 13-jährige Sohn des Urlauberpaares wird beim Gespräch mit den Polizeibeamten immer wieder von Weinkrämpfen geschüttelt. Er kann den schrecklichen Augenblick offenbar immer noch nicht vergessen, als vor seinen Augen ein Mann im Sielhafen ertrinkt.

Die Frau will ihren Sohn aufgefordert haben: „Lenk doch mal dahin, damit wir helfen können." Doch der 13-Jährige strampelt und müht sich vergebens ab; das schwer lenkbare Tretboot mit seinem erwiesenermaßen gewaltigen Radius kommt nur langsam in die Nähe des offensichtlich mit Problemen kämpfenden Schwimmers.

Der Urlauber: „Wir hatten einen Riesenstress an Bord. Ich wusste auch nicht, was ich tun soll. Noch nie zuvor bin ich in so einer Situation gewesen. Springe ich ins Wasser rein, gefährde ich womöglich meine Familie, denn meine Frau und ich sind schlechte Schwimmer."

17 Zu diesem Ereignis wurden viele Leserbriefe geschrieben. Schreibt einen Leserbrief, in dem ihr eure Fragen stellt und eure eigene Meinung darlegt.

18 Diskutiert über ein aktuelles Ereignis, welches zu dem Thema „Sich einmischen oder nicht" passt. Vielleicht gibt es Zeitungsberichte darüber. Schreibt einen Leserbrief.

Dann schau ich immer weg

1 Seht ihr viel fern? Erzählt, wann ihr meistens fernseht und welche Sendungen euch besonders gut gefallen.

2 Wie findet ihr Gewaltfilme? Was wisst ihr darüber?

In diesem Kapitel sammelt ihr selbstständig Informationen zu dem Thema „Gewalt im Fernsehen", bildet euch eine eigene Meinung und lernt eure Meinung auch schriftlich zu formulieren.

3 Es gibt natürlich wissenschaftliche Untersuchungen zu diesem Thema. Ihr könnt aber auch selber herausfinden, was euch an diesem Thema interessiert, und dazu eine Umfrage oder eine Untersuchung durchführen.

Wählt A oder B!

Ihr macht eine Umfrage.

A1 Überlegt zunächst:
- Wen wollt ihr nach seinen Fernsehgewohnheiten befragen?
- Welche Altersgruppe wollt ihr ansprechen?
- Wo wollt ihr die Umfrage durchführen: in der Grundschule, in eurer Schule ...?

A2 Überlegt jetzt, was ihr durch eure Umfrage herausbekommen wollt:
- Ob Sendungen und Filme mit Gewaltdarstellungen gesehen werden?
- Warum sie gesehen werden?
- Ob Kinder und Jugendliche Gewaltsendungen und Gewaltfilme mit Einverständinis der Eltern sehen?
- Wie oft sie solche Sendungen und Filme sehen?
- ...

A3 Formuliert Fragen und schreibt sie auf.

> Wählst du Filme aus, gerade weil Gewalt darin vorkommt?
>
> Schaust du manchmal weg, wenn es besonders brutal wird?
>
> ...

A4 Entwerft Fragebögen, auf denen ihr schnell und übersichtlich die Antworten notieren könnt. Vermerkt, ob ihr einen Jungen oder ein Mädchen befragt.

Tipp: Ja/Nein-Antworten lassen sich später am schnellsten auswerten.

A5 Wertet eure Ergebnisse aus. Haltet die wichtigsten Ergebnisse schriftlich fest. Rechnet eure Ergebnisse in Prozentzahlen um. Ihr könnt auch Diagramme zeichnen. Dabei kann der Computer nützlich sein.

Ihr untersucht das Fernsehprogramm von 14 Tagen.

B1 Besorgt euch das Fernsehprogramm von 14 Tagen.
Listet Sendungen und Filme auf,
- die eurer Meinung nach Gewalt darstellen.
- die keine Gewaltszenen enthalten.
- bei denen ihr unsicher seid.

B2 Erstellt eine Übersicht, auf welchen Sendern besonders viel Gewalt gezeigt wird und wann diese Sendungen laufen.

4 Stellt eure Ergebnisse in der Klasse vor.

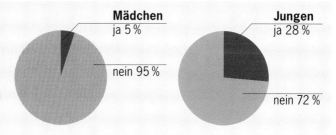

Ergebnis einer Befragung von 60 Mädchen und 73 Jungen in der Grundschule Wallerfangen im Alter von 7 bis 10 Jahren zum Thema „Gewalt im Fernsehen".
Ahmst du die Gewaltszenen, die du im Fernsehen gesehen hast, nach?

Mädchen: ja 5 % / nein 95 %
Jungen: ja 28 % / nein 72 %

Schreibdiskussion

5 Was ist eigentlich Gewalt? Wo fängt sie an? Gibt es dazu eine einheitliche Meinung in eurer Klasse, bei euren Eltern und Lehrern? Diskutiert. Versucht ein Ergebnis zu formulieren.

„Gewalt ist bei den meisten von uns, wenn ...“

„Einige sind der Meinung, dass ...“

 6 Untersucht das Programm an einem der folgenden Tage. Verteilt die Aufgaben so, dass möglichst unterschiedliche Sendungen überprüft werden. Schaut euch intensiv eine Stunde lang ein bestimmtes Programm an und notiert euch:

- Titel, Sender, Uhrzeit
- Für wen ist der Film oder die Sendung bestimmt?
- Wird Gewalt dargestellt?
- Wenn ja:
  - Um welche Art von Gewalt handelt es sich?
  - Von wem geht die Gewalt aus?
  - Wie lange dauern insgesamt die Gewaltszenen?
  - Wie wäre für dich der Film oder die Sendung ohne Gewalt?

Stellt in einer der nächsten Stunden euer Material zusammen. Zu welchen Ergebnissen kommt ihr? Habt ihr das vermutet?

7 Jetzt habt ihr schon sehr viele Informationen über das Thema gesammelt und zusammengestellt. Wie beurteilt ihr nun das, was täglich an Gewalt über die Bildschirme flimmert? Ist das gut so? Sollte es noch verstärkt werden? Sollte Gewalt im Fernsehen ganz verboten werden? Schreibt in nur einem Satz – ohne Begründung – eure Meinung dazu auf.

 8 Lest eure Sätze vor und bildet Gruppen mit ähnlichen Meinungen. Überlegt euch Argumente für eure Ansicht. Eines davon schreibt ihr auf ein Blatt Papier, das ihr den anderen Gruppen gebt. Ziel ist es, jemanden aus einer anderen Gruppe für eure Meinung zu gewinnen.

9 Wenn ihr die Argumente der anderen Gruppen habt, besprecht ihr sie. Vielleicht sind sie einleuchtend und jemand wechselt die Gruppe. Die anderen versuchen das Argument zu entkräften. Schreibt auf dasselbe Blatt eure Meinung dazu auf und gebt das Schreiben wieder zurück. Diese „Schreibdiskussion“ könnt ihr mit verschiedenen Argumenten mehrfach durchspielen.

Ein Problem schriftlich durchdenken

 10 In einer Gruppe muss man sich einigen. Manchmal kommt man dabei mit seinen Gedanken und Meinungen nicht durch. Deshalb schreibt jetzt jeder für sich auf:

- Gründe dafür, dass Gewaltdarstellungen im Fernsehen erlaubt sind.
- Gründe dafür, dass Gewaltdarstellungen verboten werden sollen.

11 Sollten Eltern ihren Kindern erlauben, alles im Fernsehen anzuschauen, was sie wollen? Schreibe deine Meinung dazu auf.

Achte besonders darauf, dass du in der **Einleitung** auf das Thema eingehst. So kannst du erklären, warum du zu diesem Thema etwas sagen willst.

Im **Hauptteil** ist es wichtig, dass du Argumente für deine Ansicht zu der Frage, die du erörterst, aufschreibst. Es ist einfacher, wenn du diese nach Pro und Kontra geordnet aufschreibst.

In einem **Schlusssatz** kannst du z. B. noch einmal das verdeutlichen, was dir am wichtigsten erscheint, oder auch einen Wunsch äußern.

12 Lest den folgenden Zeitungstext. Könnt ihr alle Aussagen bestätigen? Schreibt eure Gedanken dazu als Leserbrief.

München -AP- Jürgen Barthelmes, Medienexperte beim Deutschen Jugendinstitut in München, appellierte am Montag an Eltern in ganz Deutschland sich mehr Zeit für ihren Nachwuchs zu nehmen. Zu viel „Glotze" und Computer könnten einsame Kinder noch isolierter und aggressiver machen. Wenn die Eltern als Vorbilder ausfielen, wendeten sich die Kleinen immer stärker ihren Helden aus den elektronischen Medien zu, warnte auch Medienspezialist Jo Groebel von der Universität Utrecht. 10 bis 15 Prozent der Kinder seien bereits in ihrer Entwicklung gefährdet ...
Alltagsgewalt auf dem Schulhof, im Elternhaus oder auf den Straßen könne die Folge sein, gab Groebel zu bedenken. „Wenn der Held ungestraft morden oder den Gegner zerstören kann, spielt der Fußtritt in den Bauch eines Spielkameraden kaum mehr eine Rolle ..."
Barthelmes rief Mütter und Väter dazu auf, ihren eigenen elektronischen Medienkonsum immer wieder kritisch zu beobachten. „Vielsehende Kinder haben auch vielsehende Eltern", warnte er.

In Ihrem Bericht stimmen einige Angaben mit unseren Untersuchungsergebnissen nicht überein. Wir befragten Schüler der Grundschule Wallerfangen zum Thema „Gewalt im Fernsehen". Aus unseren Ergebnissen geht eindeutig hervor, dass ...

Dabei sind die Ergebnisse bei Jungen und Mädchen sehr unterschiedlich. 28 % der Jungen ahmen die Gewaltszenen aus den Filmen nach. Bei den Mädchen sind es nur 5 % ...

Ein anderes Ergebnis zeigt, dass viele Fernsehsender Gewaltfilme schon um 20:15 Uhr zeigen. Um diese Uhrzeit dürfen auch meist kleinere Kinder noch zuschauen. So wurden z. B. in einer Woche insgesamt 42 Filme gezeigt, in denen brutale Gewalt zu sehen war. Deshalb fragen wir uns, ob nicht auch verschiedene Fernsehsender für die zunehmende Kriminalität unter Kindern und Jugendlichen verantwortlich sind.

13 So wie ihr es mit dem Thema „Gewalt im Fernsehen" gemacht habt, könnt ihr auch andere Themen erarbeiten. Bestimmt findet ihr in der Tageszeitung aktuelle Berichte, die euch reizen etwas dazu zu sagen. Schreibt dazu Leserbriefe, die ihr an die Zeitung schickt.

Auch ihr könnt etwas tun

DABEISEIN!
AKTION SCHÜLERSOLIDARITÄT

terre des hommes

AKTION SCHÜLERSOLIDARITÄT
ALLES KLAR?

Werdet gemeinsam mit anderen aktiv!

Straßenkinder brauchen Freunde

1 Was wisst ihr über die Probleme von Kindern in der Dritten Welt?

2 Aufrufe zur Unterstützung
Überlegt, mit welchen unterschiedlichen Mitteln hier erreicht werden soll, dass Menschen sich für Kinder in der sogenannten Dritten Welt engagieren.

Die Organisation MACLA in Indien befreit gekidnappte Kinder von der Sklavenarbeit. Die Kinder leiden oft an Bronchitis, Tuberkulose und anderen Krankheiten. Bei MACLA erhalten sie nicht nur eine medizinische Versorgung, sondern auch eine schulische und berufliche Ausbildung. Aber das kostet Geld ...

Schüler fördern Selbsthilfeprojekte in der Dritten Welt

**Wie im 19. Jahrhundert –
Kinderarbeit in Kohlebergwerken**

Angelopolis/Kolumbien, 2.5.95: CONRADO BONILLA zieht einen 65 kg schweren Kohlensack einen engen Bergwerkschacht empor. Mit 200 anderen Kindern arbeitet er in einer Kohlenmine 525 Kilometer nordöstlich der Hauptstadt Bogota. Bereits seit vier Jahren, als sein Vater die Familie verlassen hatte, ist er der Haupternährer der Familie. In Kolumbien arbeiten ungefähr 800 000 Kinder und Jugendliche zwischen 12 und 17 Jahren. Weltweit müssen 20 – 30 Prozent (100 – 200 Millionen) der Kinder unter 15 Jahren arbeiten. Verlässliche Daten sind allerdings kaum zu bekommen, denn die Dunkelziffer gilt als sehr hoch.

Papiertütenerfahrungen

3 Arbeiten um zu überleben –
arbeiten um Geld zu verdienen.
Sprecht über den Unterschied!
Denkt daran, wofür das verdiente
Geld ausgegeben wird.

4 In Indien gibt es mehr als 40 Millionen
Kinder, die arbeiten müssen:
Schuhputzer, Lastenträger, Verkäufer von
Abfallgemüse, Hersteller von Papiertüten ... Versucht selbst
einmal Papiertüten zu falten und zu kleben.

Das müsst ihr vorbereiten:
- Arbeitsplatz auf dem Boden vorbereiten (Plastikfolie)
- Tapetenkleister – ein Topf für jede Gruppe
- Stapel alter Zeitungen oder Illustrierten
- Papiertüte als Muster für jede Gruppe vorbereiten

Wie eine Papiertüte entsteht

❶ Lege beide Papierseiten
zur Mitte.
❷ Bestreiche einen Rand
mit Klebstoff und klebe den
überstehenden Rand fest.

❸ Klappe das untere Ende
ca. 5 cm um; knicke es und
falte es wieder auf.
❹ Knicke die unteren Ecken
bis zum Falz um.

❺ Drücke die Ecken fest
und falze sie.
❻ Klappe die Ecken wieder
auf.

❼ Schlage die Ecken nach
innen ein.
❽ Jetzt hast du eine Tüte
mit zwei Klappen, A und
B.

❾ Knicke die obere Klappe A
um.
❿ Schlage sie um bis zur
Mittellinie C.

⓫ Bestreiche das schraffierte
Ende mit Klebstoff.
⓬ Knicke die untere Klappe
um, bis sie die Klebstoff-
fläche überdeckt, und klebe
sie fest.

Das müsst ihr wissen:
Du lebst in einer Hütte
in Kalkutta. Sie ist ein-
fach und es leben alle
deine Freunde hier.
Du musst arbeiten um
zu überleben. Dies
kannst du durch Her-
stellen von Papiertüten aus Altpapier,
die dann an einen Ladenbesitzer verkauft werden.
Es kleben aber viele Familien Tüten, deshalb ist der
Konkurrenzkampf sehr groß. Die Tüten werden in
Bündeln zu zehn Stück verkauft, das ergibt einen
Lohn von derzeit 2 Paisa. 100 Paisa ergeben eine
Rupie. Jede nicht korrekt gearbeitete Tüte wird vom
Händler selbstverständlich zurückgewiesen.

Preise in Kalkutta in Rupien:	
1 kg Reis	40,–
Einfacher Sari	60,–
Miete für eine Hütte pro Monat	300,–

Das müsst ihr machen:
Jede Gruppe soll in einer festgelegten Zeit so viele Tüten wie
möglich herstellen. Bevor ihr
beginnt, probiert das Falten und
Kleben der Tüten gemeinsam
aus.

5 Stellt euch vor dieses Arbeitstempo
über viele Stunden durchzuhalten.
Überlegt, was ihr für eure Gruppe nach
einem Tag Arbeit hättet kaufen können.

In diesem Kapitel lernt ihr, wie ihr möglichst viele Menschen
für eine Sache gewinnen könnt. Man nennt das auch
appellieren. Wenn ihr wollt, könnt ihr ein Projekt daraus
machen und Kindern in der Dritten Welt helfen.

Projekt – Wie macht man das?

Durch die Erfahrung mit dem Papiertüten-Kleben habt ihr gemerkt, wie ungeheuer schwer es ist, auf diese Weise seinen Lebensunterhalt zu verdienen.

Die terre-des-hommes-Gruppe in Stuttgart hat sich etwas Besonderes einfallen lassen. Sie hat im Rahmen eines Projekts einen Aktionstag in der Stadt durchgeführt. Dabei wurden Passanten aufgefordert:

- **Zeitungen zu verkaufen,**
- **an einem Schuhputzstand zu arbeiten,**
- **Plastiktüten zu waschen,**
- **aus Stoffstreifen Flickenteppiche zu weben.**

Während dieser Arbeiten sind die Mitglieder von terre des hommes mit vielen Passanten ins Gespräch gekommen, haben über das Leben von Kindern in der Dritten Welt informiert und erklärt, wie jeder Einzelne etwas tun kann.

6 Wenn ihr selbst ein Projekt durchführen wollt, müsst ihr euch vorbereiten:

Das Ziel

Überlegt gemeinsam, was ihr an eurer Schule oder in eurem Wohnort machen könnt um die Aufmerksamkeit und das Interesse für die Situation der Kinder in Indien, Afrika, Südamerika … zu wecken.

- Projekttag an der Schule mit anschließender Ausstellung,
- Stand in der Fußgängerzone,
- …

Und um Geld zu sammeln:
- Verkauf von selbst Gebackenem oder selbst hergestellten Postkarten an einem Aktionstag, beim Schulfest, Elternabend oder in der Fußgängerzone,
- …

Der Weg

- Material besorgen,
- Briefe an Behörden oder Hilfsorganisationen schreiben,
- Plakate und Handzettel entwerfen,
- Vorbereitung von Gesprächen mit anderen Menschen, die ihr zur Mithilfe aufrufen wollt,
- Erlaubnis für Informationsstände in der Öffentlichkeit im Rathaus einholen,
- benötigte Gegenstände basteln.

Legt in der Projektgruppe fest, wer welche Vorbereitungsarbeiten übernehmen soll und in welcher Reihenfolge sie gemacht werden sollen.

Appelle an andere

Ihr benötigt Informationsmaterial, Unterstützung durch andere und eventuell auch Genehmigungen um euer Ziel zu verwirklichen. Auf dieser Seite findet ihr die Namen von einigen Hilfsorganisationen. Sucht die Anschriften dieser Organisationen. Wahrscheinlich gibt es sogar ein Büro in eurer Nähe.

7 Überlegt, an wen ihr euch für eure Aktion wenden müsst:
Info-Material: terre des hommes, …
Unterstützung: Elternverein, …
Genehmigung: Schulleitung, …

8 Hier erarbeitet ihr gemeinsam einen Musterbrief als Vorlage für eure weitere Projektarbeit.
Tipp: Wenn ihr nicht mehr wisst, wie ein offizieller Brief aussieht, seht auf Seite 49 nach.

9 Wie sieht eure Betreff-Zeile aus?

10 Überlegt, welche Informationen ihr eurem Adressaten geben müsst, damit er versteht, worum es euch geht. Wer plant was? Wie? Wann? Warum?

11 Natürlich könnt ihr nicht erwarten, dass ihr sofort alle Informationsmaterialien erhaltet, die ihr benötigt. Deshalb ist es besonders wichtig, die Adressaten von eurem Projekt zu überzeugen. Appelliert an sie. Sammelt Formulierungen an der Tafel.
Geredet wird viel, wir möchten etwas tun!
Besonders Ihre Einrichtung …
…

12 Erarbeitet jetzt mit eurem Partner oder eurer Partnerin den offiziellen Brief. Denkt in dem Text an eine angemessene Anrede und eine Grußformel. Bringt euer Anliegen höflich vor.
Besprecht die Briefe in der Klasse und entscheidet, welcher Brief als Muster ausgehängt werden soll.

Tipp: Für alle offiziellen Schreiben gilt: Besonders sauber oder mit dem Computer schreiben. Rechtschreibung und Zeichensetzung überprüfen!

13 Seht euch das Plakat von terre des hommes auf Seite 34 genau an. Wie wird erreicht, dass der flüchtige Betrachter es sich genauer anschaut? Denkt an die Sprache, die Farben, die Fotos und an Besonderheiten.

14 Überlegt gemeinsam, wie ein Plakat für eure Aktion aussehen könnte. Sammelt die Ideen an der Tafel. Jede Gruppe versucht diese Ideen dann in einem Plakat umzusetzen.

15 Was geht mich das an? Man ist häufig durch solche und ähnliche Äußerungen verunsichert, weil einem nicht gleich eine Erwiderung einfällt. Darauf könnt ihr euch vorbereiten.

Bei jemandem Interesse wecken:
- Stellen Sie sich einmal vor …
- Haben Sie eigentlich gewusst, dass …
- …

Jemanden überzeugen:
- Die folgenden Zahlen beweisen …
- Uns geht es auf jeden Fall noch besser …
- …

An jemanden einen Appell richten:
- Das kann Ihnen doch auch nicht gleichgültig sein …
- Auch eine noch so kleine Spende …
- …

16 Teilt jetzt eure Klasse in zwei Hälften. Eine Gruppe übernimmt die Rolle von Mitschülern, Eltern oder Passanten, die unentschlossen, desinteressiert sind oder noch mehr Informationen erhalten möchten. Die anderen versuchen passende Antworten zu finden.

„Man kann nichts ändern, die Politiker machen ja doch, was sie wollen."

Man kann doch etwas bewirken, auch als Schülerin oder Schüler. Zum Beispiel kann man Politiker in die Schule einladen, Protestbriefe schreiben, Leserbriefe in die Zeitung setzen, Aktionen starten …

„Sollen doch erst einmal die Millionäre etwas abgeben." …

„In ein paar Jahren ist die Welt sowieso kaputt." …

„Was kann ich schon tun?" …

17 Notiert solche „Killersätze" und die Antworten, die ihr euch darauf überlegt habt, auf Karteikarten. Heftet sie an euer Infobrett.

18 Aktionen müssen genehmigt werden. Das kann man in persönlichen Gesprächen oder mit einem Telefonat erreichen. Simuliert mit eurem Partner ein Gespräch mit der Schulleitung, dem Elternbeirat oder … Spielt das Gespräch anderen Partnergruppen vor. Gebt euch gegenseitig Hinweise.

Tipp: Denkt daran: Höflicher und freundlicher Umgang miteinander erleichtert die Gespräche.

Planen und realisieren

19 Ein Projekt kann nur verwirklicht werden, wenn ihr die Arbeit unter euch aufteilt. Bildet Gruppen. Folgende Aufgaben könnten für eure Aktion wichtig sein. Überlegt, welche ihr übernehmen müsst und welche für euch auch noch notwendig sind.

20 Stellt unbedingt einen Zeitplan auf: Wann geschieht was? Achtet darauf, dass er von allen Gruppen eingehalten wird. Sprecht die Arbeitsschritte in eurer Gruppe und mit den anderen Gruppen immer wieder ab. Neue Ideen können aufgenommen, alte manchmal verworfen werden.

Projektplan

Welche Aufgabe?	Was muss getan werden?	Wer macht es?	Wann?
Gruppe 1 Gespräch mit der Schulleitung	Frau Kern informieren, Erlaubnis für den Aktionstag in der Aula einholen	Martina	noch in dieser Woche!!!
Gruppe 2 Brief an das Ordnungsamt der Gemeinde	Appell, die Erlaubnis für den Stand in der Fußgängerzone zu erteilen	Gerwin, Philippe, Dorthe	bis Ende nächster Woche
Brief an die Elternvertretung	Bitte um Unterstützung		
Gruppe 3 Briefe an Hilfsorganisationen	Bitte um Informationsmaterial		
Gruppe 4 Entwerfen eines Plakates	das beste Plakat aussuchen, vervielfältigen und die Plakate an auffälligen Stellen aushängen		
Gruppe 5 Herstellen von Gegenständen	einen Schuhputzstand bauen		
Gruppe 6 ...			

Wer nicht hören will,

muss fühlen?

1 Stellt diese Szene als Standbild in der Klasse nach.
Versucht euch dabei in die Personen hineinzuversetzen.

2 Welche Gefühle werden in der
Szene deutlich? Habt ihr eine
solche Situation schon einmal
beobachtet oder selbst erlebt?
Sprecht darüber.

In diesem Kapitel findet ihr Anregungen
und Ideen zum Spielen. Dabei lernt ihr,
wie man auf der Bühne Gefühle ausdrücken kann. Ihr übt kurze Szenen ein,
in denen es um Aggression und Gewalt
geht.

Gefühle ausdrücken

3 Damit ihr die folgenden Übungen durchführen könnt, ist es gut, wenn ihr zunächst einmal über die unterschiedlichen Gefühle sprecht und sie an der Tafel sammelt. Welche „starken" Gefühle fallen euch ein?

> ## Gefühle
>
> Liebe, Ausgelassenheit, ...
> Hass, Neid, Wut, Eifersucht, Langeweile, Angst, ...

4 Spielt kleine Szenen, in denen Gefühle dargestellt werden:

- Jemand sieht etwas Abstoßendes – ekelt sich – wendet sich ab – schaut verstohlen noch mal hin
- Jemand erwartet sehnsüchtig eine Person – sie kommt nicht – Trauer bis zu Tränen
- Jemand schwitzt – die Luft ist unerträglich ...

Erfindet selbst solche kleinen Szenen zu den Gefühlen, die ihr in Aufgabe 3 gesammelt habt.

 **5** Spielt jetzt die gleichen Szenen noch einmal, aber achtet nur auf das Gesicht der Spieler, auf ihre Mimik.
Wenn ihr euch aus Pappe einen Rahmen baut, in den gerade der Kopf passt, könnt ihr euch besser auf das Gesicht konzentrieren.

 **6** Ein „Bildhauer" gestaltet aus seinem „Modell" ein Standbild, das Aggression ausdrückt. Achtet auf Körperhaltung und auf den Gesichtsausdruck. Vergleicht die Ergebnisse. Wechselt die Rollen.

7 Stellt euch neben eure Partnerin oder euren Partner, Schulter an Schulter. Drückt so fest gegeneinander, dass sich der andere gerade noch an seinem Platz halten kann. Zeigt zunächst nur mit eurem Körper und eurem Gesicht, dass ihr den anderen eigentlich mit Gewalt wegdrücken wollt. Setzt dann erst die Sprache ein:

„Hau ab!"

„Verdrück dich!"

„Zieh Leine!"

„Verzieh dich!"

„..."

8 Eine besondere Rolle beim Theaterspielen und damit auch beim Ausdrücken von Gefühlen spielt eure Stimme. Auch wenn man die Worte nicht versteht, kann man oft erkennen, in welcher Stimmung der Sprecher ist.

Erforscht das mal so:

- Setzt euch in einen Kreis. Eine Spielführerin oder ein Spielführer sagt euch, in welcher Stimmung ihr sprechen und welches Gefühl ihr ausdrücken sollt. Dabei sagt ihr immer nur eine Silbe: „He". Mal wird diese Silbe wehmütig gehaucht, mal trotzig ausgestoßen, mal wütend gebrüllt usw.

- Ein Spieler sagt das Wort „Ja" fragend-unsicher, der nächste befehlend, ein nächster ängstlich usw. Spielt das auch mit „Nein" und mit anderen Wörtern durch.
- Versucht dabei die Lautstärke und die Stimmhöhe zu verändern. Achtet darauf, wie das auf die anderen wirkt.

Gewalt im Spiel

9 Versucht jetzt „Aggression und Gewalt" in einer Spielszene auszudrücken. Euer kleines Theaterstück soll nicht länger als fünf Minuten dauern.

Klärt zuerst:
Was ist überhaupt Gewalt?
Wie und wann entsteht sie?
In welchen Situationen kann ganz plötzlich Gewalt auftauchen?

Überlegt dann:
Wer soll in dem kleinen Theaterstück vorkommen?
Was soll passieren?
Wo soll das Stück spielen?
Wann soll es spielen?

Verteilt die Rollen.

Wählt einen Regisseur.
Überlegt, welche Aufgaben er hat.

Probt euer Stück zunächst einmal ohne zu unterbrechen.
Was war schon gut gelungen, was soll noch anders oder besser werden?

Achtet jetzt darauf, wie die Einzelnen ihre Rolle spielen.
Spielen sie ihre Rollen überzeugend?
Woran erkennt man das?

Tauscht die Rollen.
Wer spielt welche Rolle am besten?

Legt endgültig fest, wie eure kurze Szene aussehen soll.
Schreibt euch, wenn es notwendig ist, auf, was die Einzelnen sagen sollen. Überlegt, ob ihr Gegenstände braucht, und besorgt sie.

10 Spielt eure Stücke der Klasse vor. Wenn ihr die Möglichkeit habt sie mit der Videokamera aufzunehmen, könnt ihr danach die Szenen leichter beurteilen. Lobt und kritisiert die Aufführungen.

11 Besprecht jetzt die Szenen nach ihrem Inhalt. Wurden nur Aggression und Gewalt gezeigt oder auch Lösungswege aus der Gewalt aufgezeigt? Wenn nicht, dann überlegt gemeinsam, wie man die Szenen ausbauen müsste um Lösungen für die dargestellten Probleme zu finden.

Vom Text zur Theateraufführung

12 Lest und besprecht den folgenden Text. Überlegt, wie ihr ihn in eine Szene umsetzen könnt.

Der Ausschnitt stammt aus dem Jugendroman „Bitterschokolade" von Mirjam Pressler.

Die 15-jährige Eva findet sich zu dick und ist einsam. Endlich ist da ein Junge, zu dem sie sich hingezogen fühlt und der sie versteht – Michel. Sie geht mit ihm in die Disko zum Tanzen – zum ersten Mal in ihrem Leben ...

Sie schloss leise die Tür auf. Aus dem Wohnzimmer drang das Geräusch des Fernsehers. Halb neun vorbei. Da ging die Wohnzimmertür auf. Der Vater betrachtete sie von oben bis unten, machte zwei Schritte auf sie zu und holte aus. Eva starrte ihn an. Die Ohrfeige brannte auf ihrer Haut.

„Aber Fritz", sagte die Mutter hilflos, böse. „Warum soll sie nicht mal länger wegbleiben? Sie ist doch schon fünfzehn."

„Ich will nicht, dass meine Tochter sich rumtreibt."

„Aber das heißt doch nicht rumtreiben, wenn sie mal bis halb neun wegbleibt. Wann soll sie denn ihre Jugend genießen, wenn nicht jetzt?" Eva hörte die Verbitterung in der Stimme der Mutter.

„So fängt es an", schrie der Vater. „Schau sie dir doch an, wie sie aussieht! Schicken wir sie deshalb auf die Schule, dass sie mit einem Bankert daherkommt?"

Eva ging wortlos in ihr Zimmer und schloss mit einem lauten Knall die Tür hinter sich. Sie ließ sich auf das Bett fallen, auf das weiche, sichere Bett, das Versprechen von Wärme und Zuflucht, und weinte.

„Du Schwein", sagte sie laut. „Du gemeines Schwein. Nichts weißt du. Nur an so was kannst du denken."

Die Mutter kam herein und setzte sich auf den Bettrand ...

13 In dem Text steht an einigen Stellen, was die Personen fühlen. Aus der Handlung und dem, was gesagt wird, kann man die Gefühle herauslesen. Überlegt, was in den Personen vorgeht.

Schreibt ihre Gefühle so auf:

Sie schloss leise die Tür auf:
verträumt – glücklich – ein bisschen ängstlich ...

Eva ... schloss mit einem lauten Knall die Tür hinter sich:
verärgert – enttäuscht – wütend ...

Der Vater betrachtete sie von oben bis unten: ...

Die Mutter ...: ...

14 Spielt die Szene mehrmals mit wechselnden Schauspielern. Wie unterscheiden sich die Szenen? Wenn ihr eine Videokamera habt, könnt ihr die verschiedenen Darstellungen auch aufnehmen. Sie lassen sich dann genauer vergleichen.

15 Wandelt die Szene ab. Lasst die Personen anders reagieren, z. B:
Der Vater ist ruhig und verständnisvoll.
Die Mutter ist außer sich.
Eva schreit und protestiert.

16 Am nächsten Tag erzählt Eva den Vorfall einem Mädchen aus ihrer Klasse:

„Mein Vater hat mir gestern eine Ohrfeige gegeben, weil ich um halb neun nach Hause gekommen bin."
„Halb neun ist doch nicht so spät."
„Ich hatte nicht gesagt, dass ich später komme."
„Na ja", sagte Franziska, „wenn ich später komme, muss ich auch anrufen." Und dann fragte sie: „Schlägt dich dein Vater oft?"
„Nein", antwortete Eva. „Das letzte Mal hat er mir eine runtergehauen, als ich gesagt habe, die Oma sei eine alte Hexe."
…
„Früher, als Kind, habe ich öfter eine Ohrfeige bekommen. Aber nur von meinem Vater. Und mein Bruder kriegt heute noch oft etwas ab."
„Und deine Mutter? Was sagt sie dazu?"
Eva lachte. „Sie leidet mit uns. Für jede Ohrfeige gibt es mindestens eine heimliche Tafel Schokolade."

Spielt auch diese Szene. Hier ist nicht das ganze Gespräch, so wie es in dem Buch steht, abgedruckt. Denkt euch deshalb aus, was die beiden Mädchen noch hätten sagen können. Lasst auch noch andere Personen in eurer Szene auftreten.

17 Aus den kurzen Szenen könnt ihr ein kleines Theaterstück machen. Überlegt, welche Szenen ihr darstellen wollt, damit die Zuschauer verstehen, was da passiert.

- Eva ist verzweifelt/fühlt sich ungeliebt.
- Eva lernt Michel kennen.
- Eva ist in der Disko.
- Eva kommt nach Hause.
- Eine „normale" Szene in Evas Familie (Mutter/Vater/Bruder/Eva)
- Evas Gespräche am nächsten Tag (Klassenkameradin/Michel/Mutter/…)
- Eva kann sich nicht auf den Unterricht konzentrieren: Reaktion der Lehrer?
- Der Schluss: Offen? Positiv mit Versöhnung und Aussprache? Negativ?

18 Vielleicht habt ihr Lust einen Theaterabend zu dem Thema „Wer nicht hören will, muss fühlen?" zu organisieren. Nach den Aufführungen könnt ihr mit den Zuschauern über die Problematik diskutieren.
Hier ist ein Ausschnitt aus dem Jugendroman „Davids Versprechen" von Jürgen Banscherus. Ihr könnt diese Szene spielen oder weitere Szenen dazu erfinden.

Irgendwann schaut der Vater auf die Uhr. „Es wird Zeit für dich", sagt er zu David.

„Wieso?", fragt der. „Letzte Nacht haben wir alle zu wenig geschlafen. Mutter und ich bleiben auch nicht mehr lange auf."

Zuerst will David widersprechen. Doch dann lässt er es; der Abend ist so gut verlaufen, zum Schluss soll es jetzt keinen Krach geben.

Nur – da ist immer noch Schraders Brief.

David zieht sich in seinem Zimmer aus. Danach nimmt er das zerknitterte Blatt Papier aus seiner Sporttasche und legt es vor sich auf den Schreibtisch. „.... möchte ich Sie bitten zu einem Gespräch zu mir in die Schule zu kommen. Bitte schlagen Sie einen Termin vor ...", liest er. Einen Moment lang überlegt er, das Schreiben in winzig kleine Schnipsel zu zerreißen und im Klo verschwinden zu lassen. Aber dann steigt er in seinen Schlafanzug und geht entschlossen mit Schraders Brief ins Wohnzimmer hinunter. Auch das wird er noch überstehen, vielleicht wird es ja gar nicht so schlimm. „Das müsst ihr unterschreiben", sagt er, legt das Papier vor seine Eltern auf den Couchtisch und läuft ins Badezimmer. Als er zurückkommt, sieht er gleich, dass das Schreiben noch unberührt daliegt. Im Fernsehen läuft eine Quizsendung, es geht um ziemlich viel Geld.

„Den Brief da müsst ihr unterschreiben", sagt David und will sich wieder auf sein Zimmer verziehen.

„Moment mal." Der Vater dreht seinen Kopf vom Fernseher weg. „Von wem ist der Zettel?"

David holt tief Luft. „Vom Schrader", antwortet er.

„Das ist mein Sportlehrer."

Der Vater stellt den Ton des Fernsehers ab und überfliegt das Papier. „Warum will er uns sprechen?"

„Keine Ahnung", antwortet David, dem plötzlich heiß wird, obwohl er nur einen dünnen Schlafanzug trägt.

„Natürlich weißt du es", sagt der Vater mit veränderter Stimme. „Also, was ist los?"

David beginnt zu zittern, immer beginnt er zu zittern, wenn der Vater diese Stimme bekommt. Hätte er dem Schrader morgen nicht erzählen können, dass er den Brief auf dem Weg nach Hause verloren hat? Vielleicht hätte der die Sache dann auf sich beruhen lassen. Und wenn nicht, hätte David wenigstens noch ein paar Tage gewonnen.

„Der Schrader hat unser Spiel gegen die 6 a gepfiffen", sagt David mit gepresster Stimme. „Er hat mich vom Platz gestellt."

„Wie bitte?!"

„Er hat mir die rote Karte gezeigt. Einer aus der anderen Mannschaft hat mich übel gefoult und da habe ich zurückgetreten." David krempelt Ärmel und Hosenbeine hoch und zeigt die zahlreichen Pflaster. Der Vater denkt einen Augenblick nach. „Aber deswegen will er uns doch bestimmt nicht sprechen, nur weil er dich vom Platz geworfen hat, oder?"

„Nein. Ich ... also, weißt du ..." David stockt. „Das war ... nämlich ... Na ja, ich habe eben ein bisschen mehr als getreten."

„Was heißt das?", fragt der Vater ungeduldig.

David reibt die schweißnassen Handflächen gegeneinander. „Ich habe ihn zusammengeschlagen", sagt er schließlich leise.

„Was hast du?" Die Mutter springt auf. „Heute Mittag den Alexander und heute Nachmittag den nächsten Jungen? Bist du übergeschnappt?"

„Was war mit diesem Alexander?", fragt der Vater.

„Bitte, Mama!", ruft David. „Bitte nicht! Du hast es mir versprochen!"

Doch die Mutter beachtet ihn nicht. Während sie erzählt, füllen sich Davids Augen mit Tränen, alles um ihn herum verschwimmt. Er weiß, was gleich geschehen wird, und er hat Angst, er hat schreckliche Angst.

Schließlich hört David nur noch die Stimme des Vaters, er hört sein Brüllen, lauter und lauter wird es, zwei Hände zerren ihn aus dem Wohnzimmer.

Wenn ihr noch weitere Texte für euren Theaterabend braucht, geht einmal in eine Bücherei und fragt eine Bibliothekarin oder einen Bibliothekar nach Jugendbüchern zu eurem Thema.

Der Bewerbungstrainer

1 Einige von euch kennen sich schon mit Computerschreibprogrammen aus. Warum eignen sich computerunterstützte Schreibprogramme besonders gut für die Erstellung von Bewerbungsunterlagen?

2 Software mit Informationen, wie man sich richtig bewirbt, gibt es bei der Berufsberatung, bei Banken und Sparkassen in eurer Umgebung, vielleicht auch in eurer Schule. Fragt nach und beschafft sie euch.

3 Überlegt, warum es vernünftig ist, möglichst frühzeitig Bewerbungsunterlagen vorzubereiten und zu erstellen. Denkt auch an Bewerbungen für Berufspraktika und für Nebenjobs.

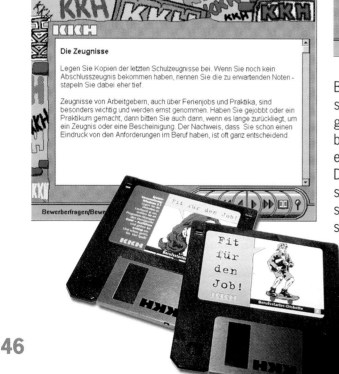

Bewerbungsunterlagen müssen in einer bestimmten Form abgegeben werden. Solche Vorgaben werden auf CD-ROM und Disketten angeboten, aber auch in Broschüren und Büchern erklärt.

Darüber hinaus muss man überlegen, wie man seine persönlichen Angaben möglichst ansprechend darstellen kann und mit welchen sprachlichen Strategien man im Bewerbungsschreiben überzeugen will.

Dieses Kapitel will euch helfen Bewerbungsunterlagen zu erarbeiten, die inhaltlich und formal gut ankommen.

Lebenslauf

Tabellarischer Lebenslauf

Name:	Zelika Mandić
Anschrift:	• • • • • •
Geburtsdatum:	• • • • • •
Geburtsort:	• • • • • •
Familie:	Vater: • •
	Mutter: • •
	Schwester: •
Staatsangehörigkeit:	• • • • • •
Schulbildung:	1988 – 1991
	1991 • • •
	• • • • • •
	• • • • • •
Praktikum:	• • • • • •
	• • • • • •
Abschlüsse:	• • • • • •
	• • • • • •
Sprachkenntnisse:	Kroatisch, flie
	• • • • • •
Besondere Kenntnisse und Fähigkeiten:	Englisch, Sch
	Mithilfe im Geschäft meines Vaters bei der elektronischen Datenverarbeitung
	• • • • • • • • • •

Ulm, im März 1999

Zelika Mandić

Zelika Mandić
Im Rosenbusch 24
89079 Ulm

Lebenslauf

Mein Name ist Zelika Mandić. Ich wurde am 20. Januar 1982 in Zagreb als zweite Tochter des Einzelhandelskaufmanns Goran Mandić und seiner Frau Monika geboren. Meine Schwester Elena ist fünf Jahre älter und studiert in Zagreb.
Ich besuchte von 1988 bis 1991 die Grundschule in Zagreb. Danach siedelten meine Eltern nach Ulm in Deutschland um. Dort besuchte ich von 1991 bis 1993 die Regenbogen-Grundschule, ein Jahr musste ich wegen der Sprachschwierigkeiten wiederholen. Seit 1993 besuche ich die Johann-Peter-Hebel-Schule in Ulm und nach meinem sehr guten Hauptschulabschluss 1998 möchte ich im Sommer 1999 den Realschulabschluss machen.
Deutsche Staatsbürgerin bin ich seit dem 1. Januar 1995. Kroatisch spreche ich fließend, in Englisch verfüge ich über schulische Grundkenntnisse.
Ich spiele seit vier Jahren Gitarre und bin Mitglied des Schulorchesters. Im 8. Schuljahr habe ich ein 2-wöchiges Praktikum bei dem Holzblasinstrumentenbauer Anton Müller absolviert. Seit 1997 helfe ich meinem Vater in seinem Geschäft bei der elektronischen Datenverarbeitung.

Ulm, im März 1999

Zelika Mandić

---

4 Vergleicht die beiden Möglichkeiten einen Lebenslauf zu schreiben. Sprecht über Vor- und Nachteile der beiden Formen.

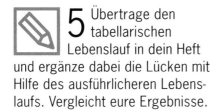

5 Übertrage den tabellarischen Lebenslauf in dein Heft und ergänze dabei die Lücken mit Hilfe des ausführlicheren Lebenslaufs. Vergleicht eure Ergebnisse.

6 Bereitet nun euren eigenen Lebenslauf vor. Für eine Bewerbung genügt heute normalerweise ein tabellarischer Lebenslauf.
Macht euch zuvor Stichwörter zu euren
● persönlichen Daten,
● zur Schulbildung,
● zu besonderen Kenntnissen und Fähigkeiten,
● zu Fortbildungen
● und zu Freizeitaktivitäten und Hobbys.

7 Erstellt jetzt eine Tabelle für euren Lebenslauf. Ihr könnt bei den einzelnen tabellarischen Punkten die Vorlage übernehmen, könnt aber auch eigene Punkte der Tabelle entwickeln. Achtet dabei aber auf diese Reihenfolge: zuerst die persönlichen Daten, danach die Schulbildung, am Ende besondere Kenntnisse und Fähigkeiten, dann die Freizeitaktivitäten.

8 Etwas schwierig ist die Tabelle am Ende, wenn es um die besonderen Kenntnisse und Freizeitaktivitäten geht. Entscheidet euch für bestimmte Stichwörter. Denkt dabei daran, dass auch eine Vereinstätigkeit, ein Schwimmnachweis der DLRG oder ein Ferienjob aufgeführt werden kann, wenn es euch wichtig erscheint. Dies sind drei verschiedene Möglichkeiten zur Auswahl:

Schwerpunkte
Hobbys
Besonderes

Lieblingsfächer
Kenntnisse
Hobbys

Kenntnisse
Fortbildung
Freizeit und Hobbys

9 Jetzt könnt ihr euren tabellarischen Lebenslauf gestalten. Verwendet ein Textverarbeitungssystem oder notfalls eine Schreibmaschine. Diese Punkte müsst ihr beachten:

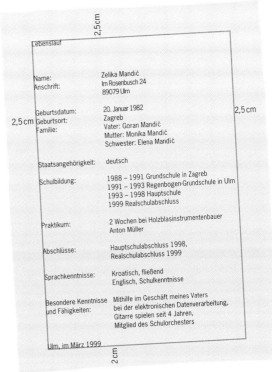

- **unlineriertes weißes DIN-A4-Papier verwenden**

- **gleichmäßige Beschriftung und Aufteilung auf der ganzen Seite und Mindestränder beachten**

- **alle Angaben müssen richtig und vollständig sein, es darf keine Lücken geben**

- **Korrekturprogramm verwenden, Korrektur lesen lassen nicht vergessen**

- **Ort, Datum und Unterschrift nicht vergessen**

10 Manchmal wird ausdrücklich ein handschriftlicher Lebenslauf gefordert. Macht einmal die Probe aufs Exempel: Gestaltet den Entwurf handschriftlich unter Einhaltung aller formaler Kriterien.
Achtung: Bei jedem Fehler müsstet ihr eigentlich neu beginnen! Wer schafft es fehlerfrei?

Bewerbungsschreiben

11 Für das Bewerbungsschreiben ist es wichtig, dass es sich genau auf den Ausbildungsberuf der Stellenanzeige bezieht. Um welchen Beruf geht es in diesem Bewerbungsschreiben und wie begründet der Verfasser seine Bewerbung?

Sebastian Götz
Regensburger Str. 56
95413 Straubing
Tel. 0 94 21/3 02 01

An die
Haustechnik GmbH
Personalabteilung
z. H. Herrn Peter Schneider
Stadtgraben 8

95413 Straubing

16. April 1999

**Ausbildungsstelle zum Heizungsinstallateur
Stellenanzeige im Straubinger Tagblatt vom 13. April 1999**

Sehr geehrter Herr Schneider,

um die von Ihnen inserierte Ausbildungsstelle als Heizungsinstallateur möchte ich mich bewerben.

Ich besuche zur Zeit die Volksschule St. Josef in Straubing, die ich im Sommer mit dem qualifizierenden Hauptschulabschluss verlassen werde.

Für den Beruf des Heizungsinstallateurs habe ich mich entschieden, weil ich gerne Reparatur- und Installationstätigkeiten durchführe. Dies konnte ich auch im elterlichen Betrieb erproben, denn mein Vater besitzt eine kleine Installationsfirma. Mein Praktikum habe ich allerdings im vergangenen Jahr bei der Firma Weber & Co. in Mitterfels absolviert.

Ich würde mich gerne bei Ihnen vorstellen und freue mich sehr über eine Einladung zu einem Gespräch.

Mit freundlichen Grüßen

Sebastian Götz

Anlagen
Lebenslauf mit Foto
Zeugniskopien
Praktikumsbescheinigung

49

12 Hier sind noch einmal alle wichtigen Teile eines Bewerbungsschreibens zusammengefasst. Allerdings ist die Reihenfolge durcheinander geraten.
Nimm ein leeres DIN-A4-Papier und schreibe die einzelnen Teile des Bewerbungsschreibens an die jeweils richtige Stelle. Dann hast du ein Kontroll-Formular, das du immer wieder verwenden kannst.

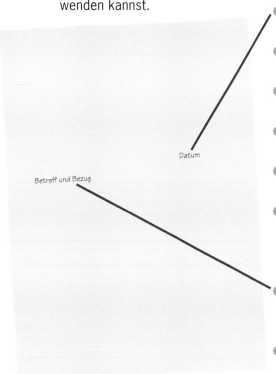

Datum

Betreff und Bezug

● **Grußformel und handschriftliche Unterschrift**

● **aktuelles Datum**

● **Darstellung der augenblicklichen Tätigkeit**

● **Anlagenhinweis**

● **Begründung für die Bewerbung**

● **vollständige Anschrift der Firma**

● **Anrede: Wenn kein Name bekannt ist, schreibt man „Sehr geehrte Damen und Herren".**

● **Betreff und Bezug: Um welche Stelle geht es, woher weiß man von der Stelle?**

● **Bewerbungssatz im Text**

● **Name und Anschrift des Absenders**

● **Bitte um persönliches Vorstellungsgespräch**

13 Vergleicht eure Ergebnisse und entwerft anschließend euer eigenes Bewerbungsschreiben für einen Wunschberuf.

Bewerbungstraining

14 Entscheidet nun selbst, wie ihr euer abschließendes Trainingsprogramm mit Hilfe einer Checkliste gestalten wollt:

Wählt A oder B!

Wenn ihr schon ziemlich sicher seid, bereitet ihr in Gruppen ein Bewerbungs- schreiben oder einen Lebens- lauf mit eingebauten Fehlern vor. Die anderen Gruppen müssen die Fehler finden.

Wenn ihr intensiver trainieren wollt, stellt ihr eine vollstän- dige Bewerbung zusammen, die in Gruppen bewertet wird.

Checkliste
für Bewerbung
und Lebenslauf

Äußere Form:
- Richtiges Papier verwendet?
- Seitenränder eingehalten?
- Platzeinteilung auf der Seite in Ordnung?
- Korrekturmittel-Spuren, Unsauberkeiten?
- Schriftbild klar und sauber?
- Tippfehler?
- Unterschrift?
- ...

Sprache und Stil:
- Rechtschreibung?
- Zeichensetzung?
- Silbentrennung?
- Anredepronomen groß geschrieben?
- Alle Wörter in die richtigen Fälle gesetzt?
- Richtige Präpositionen verwendet?
- Alle Sätze vollständig?
- Passende Ausdrücke (Umgangssprache)?
- Wiederholungen?
- ...

Inhalt:
- Absender?
- Anschrift?
- Betreff/Bezug?
- Anrede?
- Datum?
- Alle Angaben richtig und vollständig?
- Begründung für die Bewerbung genannt?
- Passende Lieblingsfächer angegeben?
- Kenntnisse und Freizeit- aktivitäten aufgeführt?
- ...

A

A1 Bildet Vierer-Gruppen. Welche Gruppe entscheidet sich für ein Bewerbungsschreiben, welche für einen Lebenslauf? Wichtig ist, dass die eine Hälfte der Gruppen eine Bewerbung, die andere einen Lebenslauf schreibt.

A2 Jede Gruppe erstellt nun ihr Dokument – den Lebenslauf oder das Bewerbungsschreiben – in formaler Vollendung. Die zusätzliche Aufgabe ist die: Ihr müsst zehn Fehler in dem Dokument verstecken. Benutzt dazu die Checkliste.

A3 Die Gruppen tauschen die vorbereiteten Dokumente so aus, dass diejenigen, die Lebensläufe geschrieben haben, die Fehler in den Bewerbungsschreiben finden müssen und umgekehrt. Sucht die Fehler mit Hilfe der Checkliste.

A4 Welche Gruppe hat die meisten oder alle Fehler gefunden?

B

B1 Bildet Gruppen und entwerft in jeder Gruppe eine Stellenanzeige für einen Beruf eurer Wahl. Heftet eure Gruppenanzeige an die Pinnwand oder Tafel in eurer Klasse. Achtet darauf, dass an eurer Anzeige so viele Zettel zum Abreißen befestigt sind, wie ihr Gruppenmitglieder seid. So garantiert ihr, dass jede Gruppe genügend Bewerbungen zur Kontrolle bekommt.

B2 Jeder von euch wählt jetzt eine Stellenanzeige aus und reißt ein Zettelchen dieser Gruppe ab.

B3 Erstellt nun in vollendeter Form eine Bewerbung mit Bewerbungsschreiben und Lebenslauf. Achtet bei dem Bewerbungsschreiben darauf, dass ihr die Auswahl gerade dieses Berufes begründet.

B4 Die Gruppen sammeln nun die Bewerbungen ein, kontrollieren und bewerten sie. Verwendet dazu die Checkliste. Entscheidet euch für eine Bewerbung. Wen wollt ihr zum Bewerbungsgespräch einladen? Warum habt ihr euch für eine ganz bestimmte Bewerbung entschieden?

Restaurant „Alte Schmiede"
Inhaberin: Karin Wolf
Dorfstraße 12
79341 Kenzingen
Wir suchen:
Auszubildende/n
zur Köchin / zum Koch

Gruppe 2   Gruppe 2   Gruppe 2   Gruppe 2

Zum 1. August bieten wir an:
Ausbildungsplätze
für den Beruf
Handelsfachpacker/in
Schriftliche Bewerbung mit den üblichen
Unterlagen an:
Nova Handelsgesellschaft
z. H. Herrn Harms
Postfach 1234
70049 Stuttgart

Gruppe 1   Gruppe 1   Gruppe 1   Gruppe 1

15 Wertet im Klassengespräch eure Ergebnisse und Erfahrungen aus.

16 Untersucht jetzt mit Hilfe der zwei fertigen Formulare eure Unterlagen und erstellt dann eine endgültige Form eurer Bewerbung und eures Lebenslaufs.

17 Im Anschluss an euer Training können nun die Computerspezialisten und -spezialistinnen in eurer Klasse die Programme, die ihr euch in der Zwischenzeit beschafft habt, testen und über Vor- und Nachteile berichten. Vergleicht dazu die Aufgabe 2.

Die Bewerbungsmappe

18 Bewerben bedeutet für sich werben. Sprecht noch einmal abschließend darüber, was das für die Bewerbungsunterlagen und die einzelnen Texte bedeutet.

19 Es ist empfehlenswert, alle Bewerbungsunterlagen in einem Klemmhefter oder einem Schnellhefter zusammenzufassen und als Bewerbungsmappe vorzulegen.
Die nachfolgenden Teile der Bewerbung sind noch ungeordnet.
Eure Aufgabe ist es zu überlegen, in welcher Reihenfolge alle Unterlagen abgeheftet werden müssen.

20 Jetzt könnt ihr eure Bewerbungsmappe zusammenstellen. Denkt daran, dass ihr sie sicherlich mehrfach benötigt. Wenn ihr am Computer gearbeitet habt, ist das kein Problem. Ansonsten sind ganz saubere Kopien erlaubt.
Den Lebenslauf erst nach dem Kopieren unterschreiben.
Das Bewerbungsschreiben muss natürlich immer original sein.
Viel Erfolg bei eurer ersten Bewerbung!

Zeugnis, in eurem Fall ist dies das letzte Halbjahreszeugnis

Bewerbungsschreiben

Lebenslauf mit Foto, dabei kann ein größeres Foto auch in die Mitte eines folgenden DIN-A4-Blattes geklebt werden

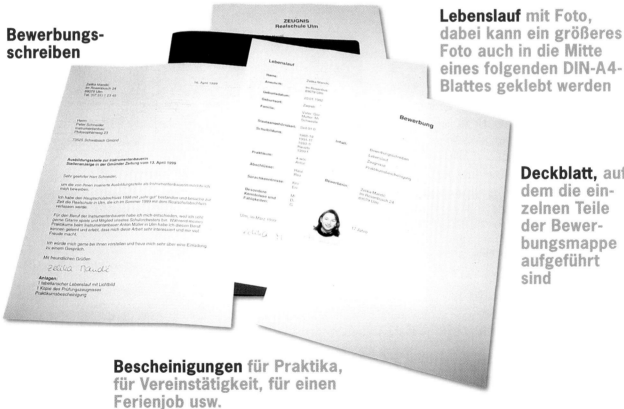

Deckblatt, auf dem die einzelnen Teile der Bewerbungsmappe aufgeführt sind

Bescheinigungen für Praktika, für Vereinstätigkeit, für einen Ferienjob usw.

Wer macht was?

geradeaus
Sprachbuch
acht

1 Um euer Sprachbuch zu drucken sind Mitarbeiterinnen und Mitarbeiter aus vielen verschiedenen Berufen notwendig. Was wisst ihr über die abgebildeten Tätigkeiten?
Welche Berufe sind auf den Fotos jeweils dargestellt?

Berufskraftfahrerin
       Buchbinderin
Bürokaufmann
       Drucker
Papiermacher
       Reprotechnikerin
       Handelsfachpacker

Informiert euch in „Beruf aktuell" über diese Berufe.

2 In diesem Schuljahr beschäftigt ihr euch in mehreren Fächern mit eurer Berufswahl. Wählt einen Beruf in eurer Umgebung aus, den ihr gern erkunden würdet. Besorgt euch Informationsmaterial über diesen Beruf. Tipp: Besprecht in der Klasse, wie ihr geeignetes Informationsmaterial bekommen könnt:
● Arbeitsamt, Berufsinformationszentrum (BIZ) besuchen,
● Blätter zur Berufskunde bestellen (Bestellkarte in „Beruf aktuell"),
● bei der IHK, bei Innungen und Berufsverbänden anfragen.

3 Arbeitet das Material durch. Haltet wichtige Informationen auf einem Stichwortzettel fest und stellt den Beruf dann in der Klasse vor.

Bisher habt ihr euch theoretisch mit Berufen beschäftigt. Einen viel umfassenderen Eindruck werdet ihr bekommen, wenn ihr einen Arbeitsplatz in einem Betrieb ganz praktisch erkundet. In diesem Sprachbuchkapitel findet ihr Aufgaben, die euch dabei helfen können.

Kontakte herstellen

4 Überlegt, welche Möglichkeiten ihr habt Kontakt zu einem Betrieb herzustellen. Wen könnt ihr ansprechen? An wen könnt ihr schreiben? Wen könnt ihr um Vermittlung bitten?

5 In einem Brief anfragen
Wenn ihr schriftlich anfragen wollt, müsst ihr einen so genannten Geschäftsbrief verfassen. Erkundigt euch zuerst nach der korrekten Postanschrift. Schreibt dann den Brief. Ihr könnt euch dabei an dem Muster auf S. 49 orientieren. Benutzt möglichst den PC oder schreibt den Brief mit der Schreibmaschine.

Sehr geehrte Damen und Herren,

ich bin Schülerin der Humboldt-Schule in Plankstadt und besuche die 8. Klasse.
Wir führen zur Zeit im Unterricht Arbeitsplatzerkundungen durch. Da ich mich sehr für den Beruf der ... interessiere, möchte ich anfragen, ob ...

6 Ein Bewerbungsgespräch vorbereiten und führen
Wenn ihr zu einem Vorstellungsgespräch eingeladen werdet, solltet ihr euch sehr gut vorbereiten. Eure Zeugnisse sind dem Ausbildner oder der Ausbildnerin durch eure vorhergegangene schriftliche Bewerbung bekannt. Bei der persönlichen Vorstellung wird er oder sie auf andere Dinge achten.

Folgende Bereiche sind von besonderem Interesse:

- **Hintergründe der Berufswahl**
  – Wie stellen Sie sich Ihre Ausbildung vor?
  – ...

- **Persönliche Voraussetzungen**
  – ...

- **Besondere Fähigkeiten**
  – ...

- **Familie, Hobbys**
  – Was machen Sie in ihrer Freizeit?
  – ...

 Erarbeitet Fragen, die der Ausbildner oder die Ausbildnerin aus diesen Bereichen stellen könnte und überlegt euch mögliche Antworten.
Natürlich ist die inhaltliche Vorbereitung unerlässlich. Genauso wichtig ist aber, dass ihr euer Gesprächsverhalten schult. Denkt daran, dass ihr euch auf den Gesprächspartner einstellt und Fragen verständlich beantwortet.

 Überlegt euch weitere Punkte, die man bei Gesprächen beachten muss. Denkt immer daran: Ihr wollt für euch werben.

Auftreten, Sprache, Höflichkeit ...

 Übt euer Bewerbungsgespräch nun in einem Rollenspiel. Stellt die Situation im Klassenzimmer nach, in dem ihr z. B. ein Büro aufbaut.

Vorher: den Erkundungsbogen vorbereiten

7 Bereitet jetzt einen Erkundungsbogen vor. Darauf könnt ihr festhalten, was ihr über einen bestimmten Arbeitsplatz erfahren möchtet.
Ihr findet hier einen Vorschlag. Überlegt, was für euch passt und was ihr umstellen oder ergänzen wollt. Denkt auch daran, was euch persönlich an dem Arbeitsplatz interessiert.

Diese Informationen könnten in eurem Fall wichtig sein.
Was wollt ihr davon in euren Erkundungsbogen aufnehmen?
- Werkzeug, Geräte
- besondere Einrichtungen am Arbeitsplatz
- typische, häufig wiederkehrende Tätigkeiten
- Anforderungen, Qualifikationen
- Zusammenarbeit mit Vorgesetzten, Kollegen, Untergebenen, Kunden
- Verdienst
- besondere Belastungen
- was an dem Arbeitsplatz besonders reizvoll und interessant ist
- wichtige Fachbegriffe und ihre Erklärung
- Besonderheiten, Bemerkungen
- Wie konntet ihr euch informieren? (Gesprächspartner, Rundgang, Zusehen, Mitarbeit ...)

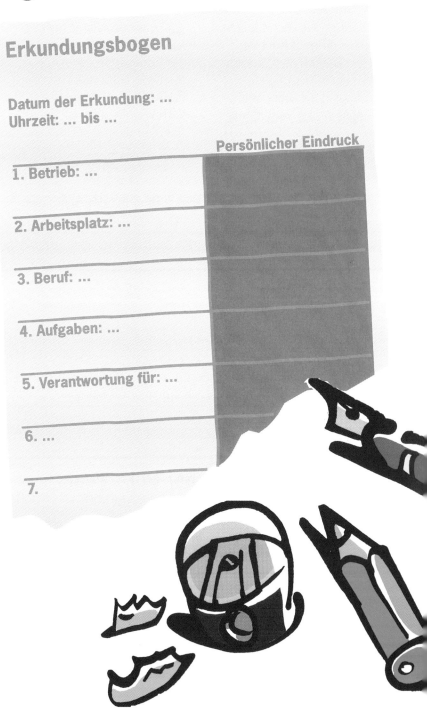

Erkundungsbogen

Datum der Erkundung: ...
Uhrzeit: ... bis ...

Persönlicher Eindruck

1. Betrieb: ...

2. Arbeitsplatz: ...

3. Beruf: ...

4. Aufgaben: ...

5. Verantwortung für: ...

6. ...

7.

Überlegt, wie ihr bei euren Notizen später unterscheiden wollt, was eure Gesprächspartner gesagt haben und was euer eigener Eindruck ist. Lasst Platz, um eure persönlichen Eindrücke festzuhalten.

Nachher: den Arbeitsplatz beschreiben

8 Besprecht zunächst, wie ihr die Ergebnisse eurer Erkundung anderen zugänglich machen wollt:

- Aushang in der Klasse oder in der Schule,
- für die Klasse vervielfältigen,
- eine Info-Mappe mit Arbeitsplatzbeschreibungen anlegen, zu der andere Zugang haben,
- …

9 Klärt jetzt folgende Fragen:

- Auf eurem Erkundungsbogen habt ihr viele Informationen festgehalten. Welche sind für die Leser oder Zuhörer interessant und wichtig, welche nicht?
- Was müsst ihr einleitend erklären, damit die Leser oder Zuhörer schon einen ersten Überblick bekommen?

- Welche Fachbegriffe müsst ihr verwenden, wie kann man sie erklären?
- Wollt ihr zusätzlich zu den Sachinformationen über den Arbeitsplatz auch eure persönlichen Eindrücke wiedergeben? An welcher Stelle passt das am besten?
- Könnt ihr euren Bericht mit Fotos, Zeichnungen oder anderen Materialien illustrieren?

10 Überlegt nun, wie ihr eure Informationen auf dem Erkundungsbogen sinnvoll ordnen und formulieren wollt. Ihr habt verschiedene Möglichkeiten:

Ihr beschreibt den Arbeitsplatz, indem ihr die Ergebnisse eurer Erkundung darstellt:
Die Aufgabe der Reproherstellerin bei der Neuen Badenzeitung ist die Anfertigung der Druckvorlagen. Dafür stehen ihr modernste Arbeitsgeräte zur Verfügung: …

Ihr schreibt eine tabellarische Arbeitsplatzbeschreibung:
Arbeitsplatz: Papiermacher an der Papiermaschine bei der Cellupapp AG (Herr Karl Maurer)
Aufgaben: Steuerung und Überwachung …
…

Ihr stellt den Arbeitsplatz vor, indem ihr von eurer Erkundung berichtet (Ich-Form):
Ich wollte den Arbeitsplatz einer Berufskraftfahrerin erkunden und habe mich dazu an Frau Jollinek von der Badentrans KG gewandt. Ich traf mich mit ihr um 7 Uhr morgens auf dem Speditionshof …

11 Besprecht den Text in einer Schreibkonferenz und verbessert ihn, wo ihr es für nötig haltet.

12 Zeigt die Arbeitsplatzbeschreibung in dem Betrieb vor, in dem ihr zur Erkundung wart. Bittet um Hinweise, ob er korrekt und vollständig ist. Vielleicht müsst ihr noch etwas ändern oder ergänzen.

Schreibt dann eure Arbeitsplatzbeschreibung noch einmal deutlich lesbar ab.
Nun könnt ihr euren Text anderen zur Verfügung stellen, wie ihr es besprochen habt.

Betriebspraktikum –
im Deutschunterricht?

Eine große Zahl verschiedener Aufgaben gehören zur Vorbereitung, Durchführung und Auswertung des Betriebspraktikums.

1 Welche Vorbereitungen, Aufgaben und Auswertungen des Betriebspraktikums könnt ihr noch im Deutschunterricht machen?

2 Eindrücke und Erfahrungen während des Praktikums werden in sogenannten Praktikumsberichten festgehalten. Überlegt, worüber solche Berichte informieren sollen, für wen sie bestimmt sind und wie sie aussehen können.

Die Übungen für die **Tagesberichte** solltet ihr vor dem Praktikum und diejenigen für den **Abschlussbericht** nach Beendigung des Praktikums durcharbeiten.

Vorher
- Ziele und Aufgaben des Betriebspraktikums kennen lernen
- Organisation besprechen
- Erwartungen an das Praktikum formulieren
- Praktikumsmappe durcharbeiten
- Tagesberichte vorbereiten
- ...

Während
- den Betrieb erkunden
- Sicherheitsvorkehrungen beachten
- Fragebögen zum Betrieb ausfüllen
- Tagesberichte schreiben
- Arbeitsplatzbeschreibungen vornehmen
- den betrieblichen Aufbau erkennen

Nachher
- die Praktikumsmappe fertig stellen
- eine Auswertung vornehmen
- einen Abschlussbericht schreiben
- ...

Das Wichtigste vom Tag

Tagesbericht – ausführlich

Praktikumstagesberichte

1. Tag

20. März

Zu Beginn des Arbeitstags zeigte mir
der Meister zuerst einmal die Werkstatt. ...

Tagesbericht – tabellarisch

Tagesbericht vom: 20. März

Zeit	Ort	ausgeübte Tätigkeiten	Arbeitsmittel	Arbeitsablauf
7:30 bis 8:00 Uhr	Patienten-aufnahme	Kartei anlegen	Karteikarte, Versicherungs-karte	1. Eine neue Karteikarte zurechtlegen 2. ...

3 Häufig findet man in den Praktikumsmappen Vordrucke für die Tagesberichte. Hier lernt ihr zwei Möglichkeiten kennen euch selbst Formulare herzustellen, so dass ihr sie auf euer Praktikum und eure Interessen abstimmen könnt.

4 Überlegt, was ihr in eure Tagesberichte aufnehmen wollt.

die ausgeübten Tätigkeiten

die benutzten Arbeitsmittel

einen typischen Arbeitsablauf

...

Achtung: Routinearbeiten, die sich täglich wiederholen, braucht ihr nicht immer wieder in die Tagesberichte aufzunehmen.

5 Stellt jetzt eigene Vordrucke für euer Praktikum her. Benutzt dazu den Computer oder zeichnet sie mit der Hand. Ihr könnt sie anschließend in der benötigten Anzahl vervielfältigen.

Gemeinsame Auswertung der Praktikumszeit

6 In den ersten Tagen nach dem Praktikum gibt es viel zu erzählen. Welche Erfahrungen habt ihr gemacht?

„ **Das hat Spaß gemacht!** "

„ **Ich glaube, der Beruf ist doch nichts für mich!** "

„ **Also, mit anderen Menschen zu arbeiten ...** "

7 Für alle Beteiligten und besonders für diejenigen, die in Zukunft ein Praktikum durchführen werden, ist es interessant zu wissen, wie ihr das Praktikum insgesamt bewertet. Dazu kann man einen Beurteilungsbogen benutzen.

Ergänzt den Beurteilungsbogen nach euren Vorstellungen: Vorbereitung durch die Schule, Verbesserungsvorschläge, ...

Tipp: Ein Beurteilungsbogen lässt sich einfacher auswerten, wenn man Entscheidungsfragen stellt. Gestaltet ihn nach Möglichkeit mit dem Computer und vervielfältigt ihn in ausreichender Zahl.

Beurteilungsbogen zum Betriebspraktikum

Wurdest du in einem Beruf eingesetzt, der dich interessiert hat? ☐ ja ☐ nein

– Wenn ja, ist der Beruf für dich auch jetzt noch interessant? ☐ ja ☐ nein

– Wenn nein, interessiert er dich jetzt? ☐ ja ☐ nein

Könntest du dir vorstellen, deinen Praktikumsberuf später einmal zu erlernen? ☐ ja ☐ nein

... ☐ ja ☐ nein

8 Jeder füllt seinen Fragebogen anonym aus. Beauftragt eine kleine Gruppe mit der Auswertung.

Tipp: Wenn ihr zum Vorstellen der Auswertung eine Folie von einem Fragebogen herstellt, könnt ihr die Ergebnisse mit Hilfe eines Projektors gut erkennbar darstellen.

Auswertung der Beurteilungsbogen

	ja	nein
Wurdest du in einem Beruf eingesetzt, der dich interessiert hat?	ﬀ ﬀ ﬀ	ﬀ IIII

– Wenn ja, ist der Beruf für dich auch jetzt noch interessant?

– Wenn nein, interessiert er dich jetzt?

„ **Von 24 Schülerinnen und Schülern, die an dem Praktikum teilnahmen, wurden 15 in einem Beruf eingesetzt, der sie interessierte.** "

Persönliche Auswertung des Praktikums

9 Für eure persönliche Auswertung benötigt ihr einen Abschlussbericht.
Sammelt an der Tafel alles, was eurer Meinung nach in einen umfassenden Abschlussbericht gehört. Hier findet ihr zahlreiche Anregungen.

Name
Zeit
...

Welchen Beruf hast du kennen gelernt?
Welche anderen Berufe im Betrieb hast du dir angesehen?
Welche Tätigkeiten hast du ausgeübt?
...

War die Umstellung von der Schule auf den Beruf schwierig?
Warst du ausreichend vorbereitet?
Warst du mit der Betreuung im Betrieb zufrieden?
Wurden deine Erwartungen erfüllt?
...

War das Praktikum für die eigene Berufswahl nützlich?
Hast du Wissenslücken festgestellt?
Warst du insgesamt zufrieden?
...

10 Berichte habt ihr in der Schule schon einmal geschrieben. Ruft euch ins Gedächtnis zurück, was dafür wichtig ist. Wer? Was? ...

11 Deine Tagesberichte und dein Beurteilungsbogen sind eine gute Grundlage für deinen Abschlussbericht. Welche Informationen daraus willst du in deinen Abschlussbericht aufnehmen, welche sind nicht so wichtig?
Lege jetzt fest, was du in der Einleitung, was im Hauptteil und was im Schluss schreiben willst.

12 So kannst du beginnen:

In der Zeit vom 5. bis 16. März führte die Wilhelm-Raabe-Schule für die 8. Klassen ein Betriebspraktikum durch. Ich erhielt einen Platz als Praktikantin in der Möbelwerkstatt der Firma Raumtraum ...

13 Schreibe jetzt den vollständigen Abschlussbericht. Du kannst ihn handschriftlich anfertigen oder den Computer benutzen.

Achtung: Präteritum!

Für diejenigen, die mit der Hand schreiben:
- unliniertes Papier und Linienpapier benutzen
- Rand links und oben ca. 3 cm
- Rand rechts und unten ca. 5 cm
- lesbar und sauber schreiben
- Absätze einfügen
- Rechtschreibung und Zeichensetzung überprüfen lassen

Für diejenigen, die mit dem Computer schreiben:
- Rand links und oben ca. 3 cm
- Rand rechts und unten ca. 5 cm
- Schriftgröße 11 oder 12 Punkt
- formatieren: z. B. Ränder einstellen, Überschrift größer und fett
- Absätze einfügen
- Rechtschreibung und Zeichensetzung überprüfen lassen

Die Ernährungspyramide

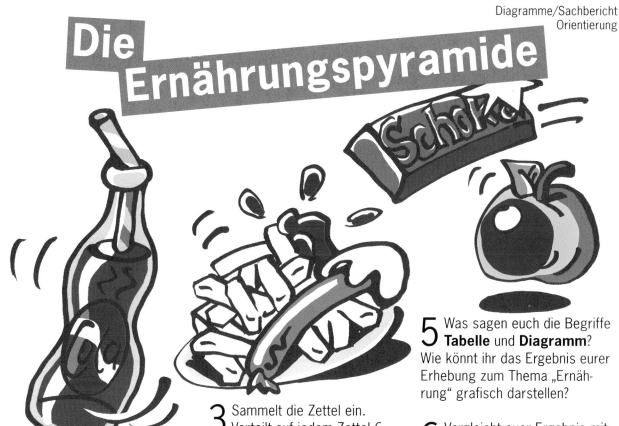

5 Was sagen euch die Begriffe **Tabelle** und **Diagramm**? Wie könnt ihr das Ergebnis eurer Erhebung zum Thema „Ernährung" grafisch darstellen?

3 Sammelt die Zettel ein. Verteilt auf jedem Zettel 6 Punkte: Das erste Nahrungsmittel bekommt 3 Punkte, das zweite 2 und das dritte 1 Punkt. Wertet die Zettel gemeinsam an der Tafel aus.
Entscheidet, unter welchen Oberbegriffen ihr einzelne Nahrungsmittel zusammenfassen könnt. Welche Nahrungsmittelgruppe hat die meisten Punkte?

6 Vergleicht euer Ergebnis mit der „Ernährungspyramide":

1 Überlegt euch einmal kurz, welche Nahrungsmittel ihr gestern zu euch genommen habt und womit ihr euren Hunger stillt. Sprecht in der Klasse darüber.

2 Schreibe die drei Nahrungsmittel auf einen Zettel, die für dich bei deiner täglichen Ernährung die wichtigsten sind. Schreibe zuerst das Wichtigste, dann das Zweitwichtigste auf ... und sei ehrlich!

Brot

Bananen

Schokoriegel

4 Überlegt, wie ihr das Ergebnis zeichnerisch anschaulich darstellen könnt. Addiert alle Punkte der einzelnen Nahrungsmittelgruppen. Rechnet dann aus, wie viele Gesamtpunkte ihr vergeben habt (bei 25 Schülerinnen und Schülern sind das z. B. 6 x 25 Punkte) und vergleicht.

7 Fasst das Ergebnis in einigen Sätzen zusammen.
Bei der Befragung in unserer Klasse hat sich ergeben, dass Brot und Getreideprodukte mit ... % den Hauptanteil ..., Süßigkeiten mit ... % haben einen hohen Anteil, ...

In diesem Kapitel werdet ihr mehr über das Arbeiten mit Diagrammen und Tabellen erfahren und mehr darüber, wie man Informationen, z. B. zum Thema Ernährung, in Sachtexten zusammenfassen kann.

8 Weitere Informationen zu Ernährungs-
fragen könnt ihr aus diesen Tabellen
und Diagrammen herauslesen.

Ihr beschäftigt euch mit dem Idealgewicht.

A1 Sprecht – wenn ihr wollt –
über eure Größe und euer
Gewicht.
Vergleicht die Werte mit dem
abgebildeten Kurvendiagramm.
Dazu müsst ihr den Schnittpunkt,
der sich aus eurer Größe und
eurem Gewicht ergibt, bestimmen. Erklärt das Diagramm.

A2 Überlegt, was die beiden
Grafiken mit dem Idealgewicht zu
tun haben. Achtet bei der Grafik
mit dem Jo-Jo-Effekt auf die Höhe
der Säulen vor und nach den Diä-
ten. Was bedeuten die Schrägen
an der Spitze der Säulen?

Ihr beschäftigt euch mit der Zusammensetzung der Nahrungsmittel.

B1 Welche Informationen könnt
ihr dem Kreisdiagramm und dem
Säulendiagramm entnehmen?
Welcher Nährstoff ist für die täg-
liche Ernährung am wichtigsten?
Achtet jeweils auf die gleichen
Farben.
Denkt bei der Beantwortung der
Fragen daran, was ihr im HsB
darüber gehört habt.

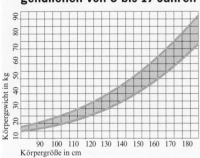

**Toleranzbereiche für Körper-
gewichte von Kindern und Jugendlichen von 3 bis 17 Jahren**

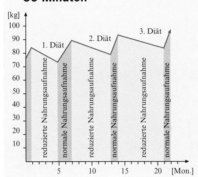

**Diätenfolge mit Jo-Jo-Effekt –
Tätigkeit und Joulebedarf pro
30 Minuten**

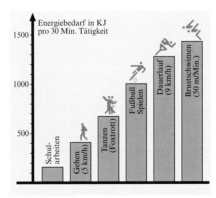

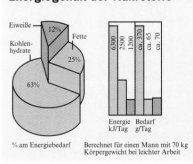

Energiegehalt der Nährstoffe

A3 Welche Bedeutung haben
die Informationen in den drei
Grafiken für dich? Formuliere
einige Sätze.

Bei einer Größe von 170 cm ist ein Gewicht zwischen 55
und 70 kg als normal zu bezeichnen. Wenn man mehr als ...

Wenn ich beim Tanzen schon dreimal so viel Energie ver-
brauche wie beim Erledigen der Schularbeiten, könnte
das eine schöne Methode der Gewichtsabnahme sein.
Noch besser wäre aber ...

B2 Vergleicht die Nährstoff-
zusammensetzung einzelner
Lebensmittel mit dem täglichen
Bedarf an Nährstoffen. Welche
Schlussfolgerungen kannst du
ziehen? Wie ist das mit dem Anteil
der Fette bei Pommes frites?

Nährstoff- und Energiegehalt ausgewählter Nahrungsmittel

Nahrungsmittel (jeweils 100g)	Nährstoffgehalt (in %)										Energiegehalt in Kilojoule	Nährstoffe
	10	20	30	40	50	60	70	80	90	100		
Rindfleisch	22		4			74					512	Eiweiße
Eier (roh)	13	12	1			74					664	
Vollmilch	3	3,5	4,5			89					269	Fette
Käse	26		30		1	43					1613	Kohle-hydrate
Kartoffeln	2	18			80						301	
Äpfel	14				86						251	Wasser
Pommes frites	4	8	34			54					924	
Pizza	9	9	25			57					905	
Bratwurst	13		33			54					1436	

B3 Versucht die Zusammenhänge in einigen
Sätzen zu formulieren:

*Um den täglichen Energiebedarf zu decken,
sollte die Ernährung so zusammengesetzt sein,
dass sie etwa zu 63 % aus Kohlehydraten ...*

9 Informiert euch mit Hilfe eurer kurzen Texte
gegenseitig.

Gewichtsprobleme – Ein Interview

**Daniel, seit wann hast du diese
Probleme mit deinem Gewicht?**
Eigentlich schon immer. Ich kann mich
erinnern, dass sie mich schon in
meiner Kindergartenzeit „Dickerchen"
oder „Fettie" genannt haben.

**Hast du eine Ahnung, warum du
so dick warst?**
Erst hat mir meine Mutter eingeredet,
die Hormone seien schuld. Und ich
habe das auch geglaubt. Aber ganz
klar, ich habe einfach zu viel gegessen.
Essen war bei uns zu Hause immer so
etwas wie eine Belohnung oder auch
ein Trost.

**Wie sah denn bei euch zu Hause
das Essen aus?**
Meine Eltern lieben deftiges und fettes
Essen: Schweinebraten, Bratwurst,
Speck und alles mit viel Fett und Sah-
nesoßen. Das waren eigentlich immer
Kalorienbomben und mein Vater kam
immer erst am Abend nach Hause, hat
dann etwas Warmes gegessen und ich
habe munter mitgegessen. Und schlimmer noch, meine Mutter isst leidenschaftlich gerne Schokolade und Prali-
nen. Und das war bei mir nicht anders.

**Und wie lange ist das so
geblieben?**
Ich bin erst unsicher geworden, als ich
beim Vergleich mit meinen Freunden
den Unterschied nicht mehr übersehen
konnte. Meine Mutter hat das irgend-
wie gemerkt, aber immer noch ge-
meint, dass ich so dick gar nicht sei
und mir doch meinen Vater anschauen
solle, der sei dick.

**Und dann hat sich etwas geän-
dert. Was geschah?**
Als mit 14 in der 8. Klasse ein Mädchen voller Abscheu „Fetter Sack" zu
mir sagte, war ich psychisch nur noch
ein kleines Würstchen. Ich habe zu
Hause gelegen und nur noch geheult.
Gott sei Dank war da meine ältere
Schwester. Die hat sich mit mir hinge-
setzt, sich alles angehört, mir ein paar
Ratschläge gegeben und hat mich zu
einer Ökotrophologin geschleppt, einer
Ernährungsberaterin.

Wie viel hast du abgenommen?
Kaum zu glauben, 30 Kilo sind runter.
Das geht nur über einen großen Zeit-
raum, man braucht viel Geduld und
muss vor allem drei Dinge beachten:
regelmäßige Mahlzeiten, ausgewogene
Ernährung und Sport. Ja, der Sport ist
für mich jetzt das Wichtigste, ich spiele
leidenschaftlich gern Basketball. Und
dass ich in den letzten Jahren noch so
gewachsen bin, das kam noch dazu
und war mein Glück ...

10 Fasst die Informationen aus diesem
Interview zusammen. Sammelt
zunächst die wichtigsten Stichwörter an
der Tafel.

- Spitznamen im Kindergarten
- falsche Begründung der Mutter
- zu reichhaltige Ernährung
- ...

11 Schaut euch noch einmal das Diagramm auf Seite 64 oben an. Was könnt ihr dadurch über die Ernährungsgewohnheiten der Familie von Daniel sagen? Schreibt einige Sätze auf.

12 Versucht mit Hilfe der Stichwörter und der Ergebnisse aus Aufgabe 10 einen kurzen sachlichen Bericht zu formulieren.

Sachberichte informieren neutral und genau über Vorgänge und Ereignisse. Sie erfordern genaues Beobachten und zusätzliche Informationen. Tabellen, Diagramme und Abbildungen können im Text mitverwendet werden.

Ernähre ich mich richtig? – Ein Sachbericht

13 So könntest du vorgehen, um einen Bericht mit der Überschrift: „Wie ich mich täglich ernähre" zu verfassen:
● Stelle in einer Tabelle deine Hauptnahrungsmittel zusammen.
● Erstelle einen Zeitplan deiner Essenszeiten.
● Sammle Stichwörter zu deinen Essgewohnheiten, deinen Vorlieben, zu Ausnahmesituationen.
● Überlege dir Fragen wie: Wann esse ich besonders gerne Süßigkeiten? Wie beeinflusst meine Familie meine Essgewohnheiten?
● …

Vergleiche deine Essgewohnheiten mit den Informationen aus den Diagrammen und Tabellen dieses Kapitels. Wie bewertest du deine Essgewohnheiten? Solltest du sie ändern?

14 Überlege dir eine Gliederung und entscheide, ob du Ergebnisse aus Tabellen und Diagrammen dieses Kapitels einbauen kannst. Schreibe dann den gesamten Text auf.

15 Vergleicht eure Texte und bewertet sie. Waren die Texte geordnet? War die Sprache jeweils für einen sachlichen Bericht angemessen? Habt ihr im Präsens oder im Präteritum geschrieben? Habt ihr die gewählte Zeitform in eurem Text eingehalten?

16 Besorgt euch weitere Informationen zum Thema „Ernährung". Dies könnten wichtige Informationsquellen sein:
● euer PCB-Buch,
● Informationen aus dem HsB-Unterricht,
● Informationen des Bundesgesundheitsministeriums,
● die deutsche Gesellschaft für Ernährung in Frankfurt,
● alle Krankenkassen.

17 Was meint ihr zu den folgenden Themen?
● Wie ernährt sich unsere Klasse? – Bericht über eine Klassenumfrage
● Ist das Essensangebot an unserer Schule ernährungsbewusst? – Bericht einer Erkundung
Könnt ihr weitere Vorschläge für Sachberichte zum Thema „Ernährung" machen?

Große Tümmler, kurz und bündig

1 Über Delphine in Freiheit und Gefangenschaft gibt es unterschiedliche Ansichten. Was meint ihr dazu? Was wisst ihr darüber?

Wenn ihr Sachtexte lest, könnt ihr Neues erfahren und euer Wissen erweitern, hier z. B. über Delphine. Wenn ihr die wichtigsten Aussagen eines Textes zusammenfasst, könnt ihr zeigen, dass ihr das Neue auch verstanden habt und damit umgehen könnt. Ihr könnt euer neues Wissen so auch leichter an andere weitergeben.

Um die wichtigsten Informationen aus einem ausführlichen Text herausfiltern und zusammenfassen zu können, muss man ein geschickter Leser sein. Außerdem muss man mutig sein, denn man muss auswählen und unwichtige Begleitinformationen einfach weglassen. Dafür findet ihr in diesem Kapitel verschiedene Arbeitstechniken.

Texte filtern und kürzen

Fluke: Rückenflosse

Mimik: Mienen- und Gebärdenspiel

Lächeln – immer nur lächeln

Fröhlich meckernd balanciert Flipper auf seiner Fluke und wedelt mit den Flossen. Schließlich lässt er sich rücklings ins Wasser plumpsen – da hüpft Sandy, der sommersprossige Junge und Flippers bester Freund, hinter ihm her, schnappt sich Flippers Rückenflosse und gemeinsam schwimmen sie durchs wohlig warme Meerwasser – neuen Abenteuern entgegen ... „Ja, das ist Flipper, Flipper, der Freund aller Kinder, jeder kennt ihn, den klugen Delphin." Flipper, der Fernsehstar der sechziger und siebziger Jahre, prägte das Bild von dem Delphin als einem Lebewesen, das stets lustig, freundlich und hilfsbereit ist und das sich scheinbar am allerliebsten die Zeit mit seinen menschlichen Freunden vertreibt. Doch kaum jemand weiß, dass Flipper von vielen verschiedenen Delphinen gespielt werden musste: Denn die wenigsten überlebten die Gefangenschaft und die harten Trainingsmethoden über längere Zeit hinweg.

Raus aus den Weltmeeren ...

Die Flipper-Stars sind Große Tümmler – eine von insgesamt rund 40 verschiedenen Delphinarten, die in beinahe allen Meeren der Welt leben, sogar in der Nordsee. Da die Großen Tümmler besonders leicht zu trainieren sind und sie außerdem so aussehen, als lächelten sie ständig, werden sie in Zoos und Delphinarien zu den erfolgreichsten Showstars der Welt getrimmt. Mit ihrer wirklichen Stimmung hat der freundliche Gesichtsausdruck allerdings nichts zu tun. Ob ein Großer Tümmler sich wohl fühlt, ob er traurig oder böse ist: Seine Mimik kann er nicht verändern, denn die nach oben gebogenen Mundwinkel sind festgewachsen.

... rein in die Betonbecken der Delphinarien

Delphine für Zoos und Delphinarien zu fangen ist ein gut bezahltes Geschäft. Die Tiere, die den Fang und den Transport überlebt haben, erwartet meistens ein hartes Training und ein Leben in langweiligen, engen Betonbecken. Sie werden gezwungen „Kunststücke" zu lernen und vorzuführen, die mit ihrem natürlichen Verhalten nichts zu tun haben: Welcher Delphin käme in Freiheit wohl auf die Idee, seine Zunge herauszustrecken, durch brennende Reifen zu springen, in Bötchen sitzende Affen durchs Wasser zu ziehen oder akrobatisch hohe Sprünge zu vollführen?

 2 Dies ist eine Meinung zum Thema „Delphine". Orientiere dich durch ein erstes Lesen: Du hast 30 Sekunden Zeit die drei Spalten zu überfliegen. Worum geht es in dem Text? Notiert danach einzelne kurze Stichwörter an der Tafel.

3 Prüft den Text jetzt genauer. Jeder liest ihn langsam und gründlich. Stimmt das, was ihr beim ersten schnellen Lesen herausgefunden habt? Versucht das Wichtigste und Interessanteste über die Delphine mit eigenen Worten wiederzugeben.

Probiere an dem 1. Abschnitt des Textes „Raus aus den Weltmeeren" auf Seite 67, mit welcher Technik du am besten zurechtkommst.

4 Teilt eure Klasse in zwei Gruppen. Die eine Gruppe arbeitet mit der Technik „Text von Nebensächlichkeiten befreien", die andere mit der Technik „Text auf Schlüsselwörter verkürzen".

> Die Flipper-Stars sind Große Tümmler – eine von insgesamt rund 40 verschiedenen Delphinarten, die in beinahe allen Meeren der Welt leben, sogar in der Nordsee.

Text von Nebensächlichkeiten befreien
Mach dir eine Kopie von dem Text. Streiche alles durch, was dir unwichtig erscheint. Übrig bleiben dann nur wirklich wichtige Informationen in Stichwörtern.

~~Die Flipper-Stars sind~~ Große Tümmler ...

Text auf Schlüsselwörter verkürzen
Mach dir eine Kopie von dem Text. Markiere mit Farbstift besonders wichtige Wörter. Das sind Schlüsselbegriffe, an die du dich nach der Textbearbeitung erinnern willst.
Achtung: Nicht ganze Sätze hervorheben!

Die Flipper-Stars sind Große Tümmler ...

5 Vergleicht eure Ergebnisse. Wenn ihr noch Probleme hattet, probiert es mit diesen beiden Techniken:

Text auf Überschriften verkürzen
Mach dir eine Kopie von dem Text. An welcher Stelle sagt der Text etwas Neues für dich? Zeichne Abschnitte ein mit Treppenzeichen. ⌐ Formuliere für jeden Abschnitt eine Überschrift oder eine Frage mit stichwortartiger Antwort am Rand.

Wichtige Textformulierungen vereinfachen
Formuliere Sätze und Teilsätze, in denen etwas Wichtiges, Neues oder Interessantes gesagt wird, so um, dass ein einfacher Satz übrig bleibt.
Tipp: Nur wirklich Wichtiges vereinfachen.

Flipper ist ein Großer Tümmler.
Große Tümmler gehören zu den rund 40 verschiedenen Delphinarten.
Große Tümmler leben fast in allen Weltmeeren.

6 Probiere jetzt an dem gesamten Text „Lächeln – immer nur lächeln" „deine" Technik aus.

Vielleicht versuchst du es mit einer Technik, kommst nicht klar und wechselst zu einer anderen.

7 Alle haben mit ihrer Filtertechnik die wichtigsten Informationen herausgearbeitet. Stellt eure Ergebnisse gegenseitig vor. Bildet dazu zwei Stuhlkreise in der Klasse mit Außen- und Innenkreis.
Zwei Schülerinnen oder Schüler sitzen sich immer gegenüber, tauschen ihre Informationen aus und vergleichen sie. Im Stuhlkreis könnt ihr weiterrücken und so mit mehreren Partnern vergleichen.

8 Was fandet ihr wichtig, was eher unwichtig? Welcher große Abschnitt war eher unwichtig? Überlegt gemeinsam, warum in diesem Text so ausführlich über Flipper erzählt wird. Welche Meinung wird hier zum Thema „Delphine in Gefangenschaft" vertreten?

9 Hier sind zwei Texte. Wählt einen aus. Filtert mit einer Arbeitstechnik oder mehreren Arbeitstechniken das Wichtigste heraus, um diese Informationen denjenigen in aller Kürze vorstellen zu können, die den anderen Text gewählt haben.

Text 1
Auch schon vor Tausenden von Jahren verehrten die Menschen diese Tiere – bei manchen Völkern galten sie als gottähnliche Wesen: Wer einen Delphin tötete, musste selber mit der Todesstrafe rechnen. Doch trotz aller Zuneigung, die viele Menschen auch heute für Delphine empfinden, sind diese kleinen Wale sehr gefährdet. Die Delphinarien, so schlimm sie oft auch sein mögen, sind dabei nicht das Hauptproblem.
Die Vermutung, dass blaues Wasser auch sauber ist, ist leider nicht richtig. Gifte und Schadstoffe sind oft nicht sichtbar. Aber ob sie sichtbar sind oder nicht: Abfälle, Düngemittel, Öl, Abwässer, Giftfrachten aus Industrie, Landwirtschaft und Schiffsverkehr sind eine ernsthafte Bedrohung für den Lebensraum der Delphine. Manche Delphine können keine Jungen mehr bekommen, da ihre Organe von den Umweltgiften angegriffen sind.

Text 2
Und dann sind da noch die Todeswände. Bis zu zwanzig Kilometer lange Treibnetze werden immer noch Nacht für Nacht in den Meeren ausgesetzt und töten alles, was sich darin verfängt: Tausende von großen und kleinen Walen, Robben, Meeresschildkröten und Seevögel. Die Politiker vieler Länder beschlossen zwar gemeinsam, dass ab dem Jahr 1993 keine Treibnetze mehr benutzt werden sollten, doch einige Länder halten sich nicht daran. Kontrolliert werden die Fischer draußen auf den Meeren kaum. Über sechs Millionen Delphine sind in den letzten Jahrzehnten alleine von Thunfischfängern im osttropischen Pazifik getötet worden. Die begehrten Thunfische halten sich dort besonders gerne unter Delphinschulen auf. Deswegen kreisen die Fischer mit mehreren Booten einfach die Delphine ein, schließen ein riesiges, ringförmiges Netz um sie und ziehen es zu einem Beutel zusammen. Viele Delphine ertrinken dabei oder werden lebensgefährlich verletzt.

Delphinschulen: Delphingruppen

10 Wie willst du den anderen deine Kurz-Infos präsentieren? **Wählt A oder B!**

Du stellst das Wichtigste aus deiner Textvorlage schriftlich als Stichwortsammlung oder als Grafik dar.
Gib deiner Kurz-Info eine Überschrift.
Mit eigenen Zeichnungen oder Bildausschnitten zu deinem Thema kannst du sie gestalten.

Du schreibst einen Kurztext mit Überschrift, in dem du das Wichtigste aus deiner Textvorlage zusammenfasst. Das wird dann also ein Knapp-Text!
Halte dabei die Reihenfolge der Textvorlage ein.
Wörter wie **obwohl**, **daneben**, **aber**, **denn**, **weil**, **deshalb** ... helfen, die einzelnen Informationen miteinander zu verknüpfen.

11 Wer taucht noch weiter ein?
„Tiere in Gefangenschaft" oder „Tiere in Gefahr": Zu diesen Themen könnt ihr weitere Informationstexte suchen, dabei Neues und Wichtiges erforschen und mit den gelernten Arbeitstechniken herausfiltern. Sachbücher, Programmzeitschriften und Zeitungen sind dafür eine gute Fundgrube.

Inhaltsdiagramme

Hier ist das Buch, von dem ich dir erzählt habe und das mir so gut gefallen hat: Das Buch wurde von Maj Sjöwall und ihrem Mann Per Wahlöö geschrieben. Es heißt ‚Verschlossen und verriegelt' und ist der 8. Roman aus der berühmten Reihe von zehn schwedischen Kriminalromanen. Er handelt von dem Rätsel um einen angeblichen Selbstmörder, der erschossen in einer von innen verschlossenen und verriegelten Wohnung gefunden wird. Eine Schusswaffe wird nicht entdeckt. Der Roman beginnt damit, dass Kommissar Beck die Akte dieses Selbstmörders bearbeitet und dabei diesen Widerspruch entdeckt. Wie er die Lösung des Rätsels findet, musst du schon selbst nachlesen, sonst verderbe ich dir den ganzen Spaß und die Spannung …

1 Was hältst du von dieser Buchempfehlung? Welche Informationen bekommst du?

2 Versucht es einmal selbst. Bildet Partnergruppen und empfehlt euch gegenseitig ein Buch, das ihr gelesen habt, einen Spielfilm, ein Musical oder ein Theaterstück, das ihr gesehen habt.

3 Vergleicht eure Zusammenfassungen mit der Buchempfehlung oben. Habt ihr es ähnlich gemacht? Gab es Schwierigkeiten?

4 Überlegt, wo ihr solche Empfehlungen oder kurze Zusammenfassungen schon einmal gelesen habt.

In Inhaltsangaben werden Inhalte und Handlungsabläufe von Büchern, Filmen oder Theaterstücken usw. kurz zusammengefasst und wiedergegeben. Dieses Kapitel zeigt euch, wie ihr dieses Ziel leichter erreichen könnt.

Balladen könnten Spielfilme sein

Balladen sind Gedichte oder Lieder, die in kunstvoller Weise von spannenden, traurigen oder auch witzigen Ereignissen und Erlebnissen erzählen.

Die folgende Ballade hat der Schriftsteller Theodor Fontane zwischen 1875 und 1886 geschrieben, nachdem er zuvor vermutlich in einer Zeitung oder einer Chronik der amerikanischen Stadt Buffalo von dem Vorfall gelesen hatte.

5 Versucht gemeinsam zu klären, was in der Ballade geschieht.

6 Besonders wichtig, aber auch schwierig ist die Einleitung zu einer Inhaltsangabe, die meistens aus einem oder zwei Sätzen besteht. Schreibe eine Einleitung zu dieser Ballade. Schau dir dazu noch einmal die Inhaltsangabe von dem Krimi auf Seite 70 an. Vergleicht danach eure Ergebnisse.

Theodor Fontane

John Maynard

John Maynard!

　　„Wer ist John Maynard?"

„John Maynard war unser Steuermann,
Aus hielt er, bis er das Ufer gewann,
Er hat uns gerettet, er trägt die Kron',
Er starb für uns, unsre Liebe sein Lohn.
　　　John Maynard."

Die „Schwalbe" fliegt über den Eriesee,
Gischt schäumt um den Bug wie Flocken von Schnee,
Von Detroit fliegt sie nach Buffalo –
Die Herzen aber sind frei und froh,
Und die Passagiere mit Kindern und Fraun
Im Dämmerlicht schon das Ufer schaun,
Und plaudernd an John Maynard heran
Tritt alles: „Wie weit noch, Steuermann?"
Der schaut nach vorn und schaut in die Rund':
„Noch dreißig Minuten ... Halbe Stund."

Alle Herzen sind froh, alle Herzen sind frei –
Da klingt's aus dem Schiffsraum her wie Schrei,
„Feuer!", war es, was da klang,
Ein Qualm aus Kajüt' und Luke drang,
Ein Qualm, dann Flammen lichterloh,
Und noch zwanzig Minuten bis Buffalo.

Und die Passagiere, bunt gemengt,
Am Bugspriet stehn sie zusammengedrängt,
Am Bugspriet vorn ist noch Luft und Licht,
Am Steuer aber lagert sich's dicht,
Und ein Jammern wird laut: „Wo sind wir? Wo?"
Und noch fünfzehn Minuten bis Buffalo.

Bugspriet: schräg über den Bug hinausragende Segelstange

Der Zugwind wächst, doch die Qualmwolke steht,
Der Kapitän nach dem Steuer späht,
Er sieht nicht mehr seinen Steuermann,
Aber durchs Sprachrohr fragt er an:
„Noch da, John Maynard?"
　　　　„Ja, Herr. Ich bin."
„Auf den Strand! In die Brandung!"
　　　　„Ich halte drauf hin."
Und das Schiffsvolk jubelt: „Halt aus! Hallo!"
Und noch zehn Minuten bis Buffalo.

„Noch da, John Maynard?" Und Antwort schallt's
Mit ersterbender Stimme: „Ja, Herr, ich halt's!"
Und in die Brandung, was Klippe, was Stein,
Jagt er die „Schwalbe" mitten hinein.
Soll Rettung kommen, so kommt sie nur so.
Rettung: der Strand von Buffalo.

Das Schiff geborsten. Das Feuer verschwelt.
Gerettet alle. Nur einer fehlt!

Alle Glocken gehn; ihre Töne schwell'n
Himmelan aus Kirchen und Kapell'n,
Ein Klingen und Läuten, sonst schweigt die Stadt,
Ein Dienst nur, den sie heute hat:
Zehntausend folgen oder mehr,
Und kein Aug' im Zuge, das tränenleer.

Sie lassen den Sarg in Blumen hinab,
Mit Blumen schließen sie das Grab,
Und mit goldner Schrift in den Marmorstein
Schreibt die Stadt ihren Dankspruch ein:
„Hier ruht John Maynard! In Qualm und Brand
Hielt er das Steuer fest in der Hand,
Er hat uns gerettet, er trägt die Kron',
Er starb für uns, unsre Liebe sein Lohn.
　　　John Maynard."

7 Wenn ihr Schwierigkeiten mit der Einleitung hattet, kann euch dieses „Einleitungsraster" helfen. Übertragt es in euer Heft und füllt die Lücken aus.

Textsorte	Gedicht, Ballade
Titel	?
Verfasser	?
Darum geht es	?

Versucht jetzt noch einmal die Angaben in einer Einleitung zusammenzufassen.
In der Ballade „John Maynard" von ...

Schlüsselfragen und Inhaltsdiagramm

Es gibt zwei Möglichkeiten, wie man leichter zu Inhaltsangaben kommt:
● Schlüsselfragen beantworten
● ein Inhaltsdiagramm skizzieren.

Mit diesen beiden Hilfen beschafft ihr euch alle wichtigen Einzelheiten für die Inhaltsangabe.

8 Beantwortet die Schlüsselfragen möglichst kurz. Meistens sind mehrere Antworten, manchmal ist aber auch keine Antwort möglich. Lest dazu die Ballade „John Maynard" noch einmal durch. Übertragt das Raster mit den Fragen in euer Heft und füllt die Lücken aus.

Wer?	**Was?**	**Wo?**	**Wann?**	**Warum?**
John Maynard	?	?	?	?
„Die Schwalbe"	?	?	?	?
Passagiere				
Der Kapitän				

9 Eine andere Hilfe, das Inhaltsdiagramm, gibt den Ablauf der Handlung grafisch wieder.

Besorgt euch fünf Karteikärtchen oder Zettel. Lest noch einmal die Ballade und schreibt die wichtigsten Handlungsteile in Überschriften auf die fünf Kärtchen. Ordnet eure Kärtchen nach dem Muster des Ablaufschemas.

Warum sind die Kärtchen auf verschiedenen Ebenen angeordnet?

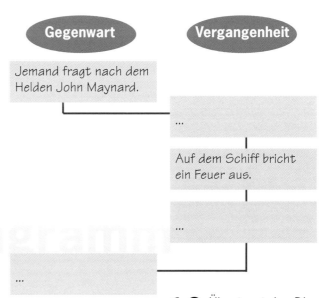

Gegenwart · Vergangenheit

Jemand fragt nach dem Helden John Maynard.

...

Auf dem Schiff bricht ein Feuer aus.

...

...

10 Übertragt das Diagramm mit den Überschriften der Kärtchen in euer Heft.

11 Verbindet die so gefundenen Sätze und stellt sie mit der Einleitung, die ihr schon geschrieben habt, zu einer Inhaltsangabe zusammen. Schreibt alle Sätze im Präsens.

In der Ballade „John Maynard" ...
die heldenhafte Tat eines Steuermanns ...

Das Schiff „Die Schwalbe" ist mit Passagieren an Bord auf dem Weg von ...

12 An welcher Ballade wollt ihr die methodischen Hilfen **Einleitungsraster**, **Schlüsselfragen**, **Inhaltsdiagramm** ausprobieren?

Wählt A oder B!

Ihr arbeitet an der Ballade „Die Bürgschaft" auf Seite 74 und füllt ein vorgegebenes Inhaltsdiagramm aus.

Der fehlgeschlagene Tyrannenmord
|
Der Vertrag mit ...
|
Der Freund bleibt ...
|
|
|
|
|
|
|
Der König belohnt die Treue und möchte an dem Treuebund der Freunde teilhaben.

A1 Lest den Text durch und besprecht in eurer Gruppe den Inhalt. Stellt auch während des Lesens Fragen, wenn ihr etwas nicht versteht.

A2 Füllt das Einleitungsraster aus.

A3 Beantwortet die Schlüsselfragen.

A4 Versucht die Vorgaben des Inhaltsdiagramms zu erklären. Lest dazu noch einmal die Ballade.

A5 Nehmt zehn Kärtchen und schreibt die zehn wichtigsten Handlungsteile in Überschriften darauf. Übertragt dann das Inhaltsdiagramm in euer Heft. Versucht zu erklären, warum für diese Ballade so ein einfaches Diagramm genügt.

A6 Verbindet jetzt die gesammelten Überschriften zu einer Inhaltsangabe. Achtung: Präsens verwenden.

Ihr arbeitet an der Ballade „Die Füße im Feuer" auf Seite 76 und erarbeitet das Inhaltsdiagramm selbst.

B1 Lest den Text durch und besprecht in eurer Gruppe den Inhalt. Stellt Fragen, wenn ihr etwas nicht versteht.

B2 Füllt das Einleitungsraster aus.

B3 Beantwortet die Schlüsselfragen.

B4 Nehmt wieder Kärtchen. Lest die Ballade Strophe für Strophe durch und versucht die wichtigsten Handlungsabschnitte auf die Kärtchen zu schreiben.

B5 Ordnet die Kärtchen zu einem Inhaltsdiagramm. Seht euch dazu noch einmal das Inhaltsdiagramm auf Seite 72 an. Gibt es in der Ballade unterschiedliche Zeitebenen? Klebt anschließend die Kärtchen zu einem Inhaltsdiagramm auf ein Plakat.

B6 Versucht jetzt mit Hilfe der gesammelten Sätze und Überschriften aus dem Einleitungsraster, den beantworteten Schlüsselfragen und dem Inhaltsdiagramm eine Inhaltsangabe zu schreiben. Achtung: Präsens verwenden.

Friedrich Schiller

Die Bürgschaft

Zu Dionys, dem Tyrannen, schlich
Damon, den Dolch im Gewande;
Ihn schlugen die Häscher in Bande.
„Was wolltest du mit dem Dolche, sprich!"
Entgegnet ihm finster der Wüterich.
„Die Stadt vom Tyrannen befreien!"
„Das sollst du am Kreuze bereuen."

„Ich bin", spricht jener, „zu sterben bereit
Und bitte nicht um mein Leben,
Doch willst du Gnade mir geben,
Ich flehe dich um drei Tage Zeit,
Bis ich die Schwester dem Gatten gefreit,
Ich lasse den Freund dir als Bürgen,
Ihn magst du, entrinn ich, erwürgen."

Da lächelt der König mit arger List
Und spricht nach kurzem Bedenken:
„Drei Tage will ich dir schenken.
Doch wisse! Wenn sie verstrichen, die Frist,
Eh' du zurück mir gegeben bist,
So muss er statt deiner erblassen,
Doch dir ist die Strafe erlassen."

Und er kommt zum Freunde: „Der König gebeut,
Dass ich am Kreuz mit dem Leben
Bezahle das frevelnde Streben,
Doch will er mir gönnen drei Tage Zeit,
Bis ich die Schwester dem Gatten gefreit,
So bleib du dem König zum Pfande,
Bis ich komme zu lösen die Bande."

Und schweigend umarmt ihn der treue Freund
Und liefert sich aus dem Tyrannen,
Der andere ziehet von dannen,
Und ehe das dritte Morgenrot scheint,
Hat er schnell mit dem Gatten die Schwester vereint,
Eilt heim mit sorgender Seele,
Damit er die Frist nicht verfehle.

Da gießt unendlicher Regen herab,
Von den Bergen stürzen die Quellen,
Und die Bäche, die Ströme schwellen.
Und er kommt ans Ufer mit wanderndem Stab,
Da reißet die Brücke der Strudel hinab,
Und donnernd sprengen die Wogen
Des Gewölbes krachenden Bogen.

Und trostlos irrt er an Ufers Rand,
Wie weit er auch spähet und blicket
Und die Stimme, die rufende, schicket,
Da stößet kein Nachen vom sichern Strand,
Der ihn setze an das gewünschte Land,
Kein Schiffer lenket die Fähre
Und der wilde Strom wird zum Meere.

Da sinkt er ans Ufer und weint und fleht,
Die Hände zum Zeus erhoben:
„O hemme des Stromes Toben!
Es eilen die Stunden, im Mittag steht
Die Sonne, und wenn sie niedergeht
Und ich kann die Stadt nicht erreichen,
So muss der Freund mir erbleichen."

Doch wachsend erneut sich des Stromes Wut
Und Welle auf Welle zerrinnet,
Und Stunde an Stunde entrinnet,
Da treibt ihn die Angst, da fasst er sich Mut
Und wirft sich hinein in die brausende Flut
Und teilt mit gewaltigen Armen
Den Strom, und ein Gott hat Erbarmen.

Und gewinnt das Ufer und eilet fort
Und danket dem rettenden Gotte,
Da stürzet die raubende Rotte

Häscher: Gerichtsdiener, Verfolger

gefreit: freien, hier: jemanden verheiraten

gebeut: gebietet, gebieten, befehlen

Rotte: zusammengewürfelter Räuberhaufen

frevelnd: böse, verbrecherisch

Nachen: Boot, Kahn

spähen: vorsichtig, aber aufmerksam schauen

Hervor aus des Waldes nächtlichem Ort,
Den Pfad ihm sperrend, und schnaubet Mord
Und hemmet des Wanderers Eile
Mit drohend geschwungener Keule.

„Was wollt ihr?", ruft er für Schrecken bleich,
„Ich habe nichts als mein Leben,
Das muss ich dem Könige geben!"
Und entreißt die Keule dem Nächsten gleich:
„Um des Freundes willen erbarmet euch!"
Und drei mit gewaltigen Streichen
Erlegt er, die andern entweichen.

Und die Sonne versendet glühenden Brand,
Und von der unendlichen Mühe
Ermattet sinken die Kniee.
„O hast du mich gnädig aus Räubershand,
Aus dem Strom mich gerettet ans heilige Land,
Und soll hier verschmachtend verderben
Und der Freund mir, der liebende, sterben!"

Und horch! da sprudelt es silberhell,
Ganz nahe, wie rieselndes Rauschen,
Und stille hält er zu lauschen,
Und sieh, aus dem Felsen, geschwätzig, schnell,
Springt murmelnd hervor ein lebendiger Quell,
Und freudig bückt er sich nieder
Und erfrischet die brennenden Glieder.

Und die Sonne blickt durch der Zweige Grün
Und malt auf den glänzenden Matten
Der Bäume gigantische Schatten;
Und zwei Wanderer sieht er die Straße ziehn,
Will eilenden Laufes vorüberfliehn,
Da hört er die Worte sie sagen:
„Jetzt wird er ans Kreuz geschlagen."

Und die Angst beflügelt den eilenden Fuß,
Ihn jagen der Sorge Qualen,
Da schimmern in Abendrots Strahlen
Von ferne die Zinnen von Syrakus
Und entgegen kommt ihm Philostratus,
Des Hauses redlicher Hüter,
Der erkennet entsetzt den Gebieter:

„Zurück! Du rettest den Freund nicht mehr,
So rette das eigene Leben!
Den Tod erleidet er eben.
Von Stunde zu Stunde gewartet' er
Mit hoffender Seele der Wiederkehr,
Ihm konnte den mutigen Glauben
Der Hohn des Tyrannen nicht rauben."

„Und ist es zu spät und kann ich ihm nicht
Ein Retter willkommen erscheinen,
So soll mich der Tod ihm vereinen.
Des rühme der blut'ge Tyrann sich nicht,
Dass der Freund dem Freunde gebrochen die Pflicht,
Er schlachte der Opfer zweie
Und glaube an Liebe und Treue."

Und die Sonne geht unter, da steht er am Tor
Und sieht das Kreuz schon erhöhet,
Das die Menge gaffend umstehet,
An dem Seile schon zieht man den Freund empor,
Da zertrennt er gewaltig den dichten Chor:
„Mich, Henker!", ruft er, „erwürget!
Da bin ich, für den er gebürget!"

Und Erstaunen ergreifet das Volk umher,
In den Armen liegen sich beide
Und weinen vor Schmerzen und Freude.
Da sieht man kein Auge tränenleer
Und zum Könige bringt man die Wundermär,
Der fühlt ein menschliches Rühren,
Lässt schnell vor den Thron sie führen.

Und blicket sie lange verwundert an.
Drauf spricht er: „Es ist euch gelungen,
Ihr habt das Herz mir bezwungen,
Und die Treue, sie ist doch kein leerer Wahn,
So nehmet auch mich zum Genossen an,
Ich sei, gewährt mir die Bitte,
In eurem Bunde der Dritte."

Mär: Nachricht, Kunde, Erzählung

Conrad Ferdinand Meyer

Die Füße im Feuer

Wild zuckt der Blitz. In fahlem Lichte steht ein Turm.
Der Donner rollt. Ein Reiter kämpft mit seinem Ross,
Springt ab und pocht ans Tor und lärmt. Sein Mantel saust
Im Wind. Er hält den scheuen Fuchs am Zügel fest.
Ein schmales Gitterfenster schimmert golden hell
Und knarrend öffnet jetzt das Tor ein Edelmann ...

„Ich bin ein Knecht des Königs, als Kurier geschickt
Nach Nîmes. Herbergt mich! Ihr kennt des Königs Rock!"
„Es stürmt. Mein Gast bist du. Dein Kleid, was kümmert's mich?
Tritt ein und wärme dich! Ich sorge für dein Tier!"
Der Reiter tritt in einen dunklen Ahnensaal,
Von eines weiten Herdes Feuer schwach erhellt,
Und je nach seines Flackerns launenhaftem Licht
Droht hier ein Hugenott im Harnisch, dort ein Weib,
Ein stolzes Edelweib aus braunem Ahnenbild ...
Der Reiter wirft sich in den Sessel vor dem Herd
Und starrt in den lebend'gen Brand. Er brütet, gafft ...
Leis sträubt sich ihm das Haar. Er kennt den Herd, den Saal ...
Die Flamme zischt. Zwei Füße zucken in der Glut.

Am Abendtisch bestellt die greise Schaffnerin
Mit Linnen blendend weiß. Das Edelmägdlein hilft.
Ein Knabe trug den Krug mit Wein. Der Kinder Blick
Hangt schreckensstarr am Gast und hangt am Herd entsetzt ...
Die Flamme zischt. Zwei Füße zucken in der Glut.
„Verdammt! Dasselbe Wappen! Dieser selbe Saal!
Drei Jahre sind's ... Auf einer Hugenottenjagd ...
Ein fein, halsstarrig Weib ... Wo steckt der Junker? Sprich!"
Sie schweigt. „Bekenn!" Sie schweigt. „Gib ihn heraus!" Sie schweigt.
Ich werde wild. Der Stolz! Ich zerre das Geschöpf ...
Die nackten Füße pack ich ihr und strecke sie
Tief mitten in die Glut ... „Gib ihn heraus!" ... Sie schweigt ...
Sie windet sich ... „Sahst du das Wappen nicht am Tor?
Wer hieß dich hier zu Gaste gehen, dummer Narr?
Hat er nur einen Tropfen Bluts, erwürgt er dich."
Ein tritt der Edelmann. „Du träumst! Zu Tische, Gast ..."

Da sitzen sie. Die drei in ihrer schwarzen Tracht
Und er. Doch keins der Kinder spricht das Tischgebet.
Ihn starren sie mit aufgerissnen Augen an –
Den Becher füllt und übergießt er, stürzt den Trunk,
Springt auf: „Herr, gebet jetzt mir meine Lagerstatt!
Müd bin ich wie ein Hund!" Ein Diener leuchtet ihm,
Doch auf der Schwelle wirft er einen Blick zurück
Und sieht den Knaben flüstern in des Vaters Ohr ...
Dem Diener folgt er taumelnd in das Turmgemach.

Fest riegelt er die Tür. Er prüft Pistol und Schwert.
Gell pfeift der Sturm. Die Diele bebt. Die Decke stöhnt.
Die Treppe kracht ... Dröhnt hier ein Tritt? ... Schleicht dort ein Schritt? ...
Ihn täuscht das Ohr. Vorüber wandelt Mitternacht.
Auf seinen Lidern lastet Blei und schlummernd sinkt
Er auf das Lager. Draußen plätschert Regenflut.

Hugenott: Anhänger einer protestantischen Kirche in Frankreich, deren Mitglieder wegen ihres Glaubens verfolgt wurden

Harnisch: Rüstung

Schaffnerin: Verwalterin

Junker: adliger Gutsbesitzer

Er träumt. „Gesteh!" Sie schweigt. „Gib ihn heraus!" Sie schweigt.
Er zerrt das Weib. Zwei Füße zucken in der Glut.
Auf sprüht und zischt ein Feuermeer, das ihn verschlingt ...
„Erwach! Du solltest längst von hinnen sein! Es tagt!"
Durch die Tapetentür in das Gemach gelangt,
Vor seinem Lager steht des Schlosses Herr – ergraut,
Dem gestern dunkelbraun sich noch gekraust das Haar.

Sie reiten durch den Wald. Kein Lüftchen regt sich heut.
Zersplittert liegen Ästetrümmer quer im Pfad.
Die frühsten Vöglein zwitschern, halb im Traume noch.
Friedsel'ge Wolken schwimmen durch die klare Luft,
Als kehrten Engel heim von einer nächt'gen Wacht.
Die dunkeln Schollen atmen kräft'gen Erdgeruch.
Die Ebne öffnet sich. Im Felde geht ein Pflug.
Der Reiter lauert aus den Augenwinkeln: „Herr,
Ihr seid ein kluger Mann und voll Besonnenheit
Und wisst, dass ich dem größten König eigen bin.
Lebt wohl. Auf Nimmerwiedersehn!" Der andre spricht:
„Du sagst's! Dem größten König eigen! Heute ward
Sein Dienst mir schwer ... Gemordet hast du teuflisch mir
Mein Weib! Und lebst! ... Mein ist die Rache, redet Gott."

13 Die Gruppen lesen sich die Inhaltsangaben gegenseitig vor. Kontrolliert und überprüft, ob ihr den Inhalt der Ballade der anderen Gruppe auch wirklich versteht:

● Ist nur das Wichtigste wiedergegeben?
● Ist der Inhalt verständlich?
● Stehen die Sätze im Präsens?

„Alltägliche" Inhaltsangaben

14 In jeder Programmzeitschrift findet ihr zu Spiel- und Fernsehfilmen unvollständige Inhaltsangaben. Ihr wisst, warum sie meist unvollständig sind?

Sucht euch einen Film heraus, der euch am meisten interessiert, seht ihn an und schreibt die Inhaltsangabe, die ihr im Programmheft gefunden habt, zu Ende.

20.15 Abwärts 362-15
↗ Dt. Psychothriller 1984
FILM Mit Götz George, Renée Soutendijk, Wolfgang Kieling, Hannes Jaenicke, Klaus Wennemann, Kurt Raab Regie: Carl Schenkel
Freitagabend in einem Bürohochhaus. Irgendwo zwischen den vierzig Stockwerken bleibt der Lift hängen, droht jeden Moment abzustürzen. Eingeschlossen sind drei Männer und eine Frau. Ihre Notrufe bleiben ungehört. Bald wird die Spannung zwischen ihnen unerträglich. – Knüller in den Kinos. **110 Min.**

20.15 Der einzige Zeuge
↑ (Witness) 6-364-169
FILM US-Thriller von 1984
Mit Harrison Ford, Kelly McGillis, Lukas Haas, Josef Sommer u. a. Regie: Peter Weir
Mord an einem Drogenfahnder in Philadelphia. Einziger Zeuge ist der achtjährige Samuel. Polizeidetektiv Book gibt dem Jungen und seiner Mutter Rachel Geleitschutz nach Hause. Sie gehören zur Glaubensgemeinschaft der Amish, die alle Segnungen moderner Zivilisation ablehnt. **130 Min.**

20.15 Mosquito Coast
↗ US-Abenteuer- 6-280-153
FILM film 1986. Mit Harrison Ford, River Phoenix, Helen Mirren, Martha Plimpton u. a. Regie: Peter Weir
Allie Fox, ein skurriler Erfinder, hat genug von der Wohlstandsgesellschaft. Mit seiner Frau und vier Kindern zieht er in den Urwald von Honduras. Hier will er den Traum vom unangepassten Leben verwirklichen. **130 Min.**

20.00 Star Trek: Raumschiff Voyager 7-036
5 Folgen der US-Science-fiction-Serie von 1995. 2. Folge: Suspiria Mit Jane Mulgrew, Tim Russ, Jennifer Lien, Gary Graham, Lindsay Ridgeway u. a. Die Voyager-Crew entdeckt eine Raumstation, auf der einige Hundert Ocampa leben. Deren Anführer Tanis will Kes, ebenfalls eine Ocampa, dazu überreden mit auf die Station zu ziehen ...

Stecknadeln im Heuhaufen?

Enthalten Bleistiftminen wirklich Blei?

Was ist die Kalmit?

Wie viele Schriftzeichen hat die chinesische Schrift?

Wann wurde Aids zum ersten Mal festgestellt?

Was ist ein Bluter?

Wer war diese Frau?

Gibt es in Deutschland natürliche Rohölvorkommen?

Mit 18 Jahren ist man in Deutschland volljährig. Seit wann ist das so?

1 Könnt ihr einige der Fragen beantworten? Habt ihr Vermutungen?

2 Sicher gibt es in eurer Schule verschiedene Nachschlagewerke. Überprüft dort eure Vermutungen und sucht nach den Antworten, die euch noch fehlen.

3 Tragt zusammen, welche Informationen ihr zu den Fragen gefunden habt. Sprecht auch darüber: Wo habt ihr gesucht? Unter welchen Stichwörtern habt ihr nachgeschlagen? Hat alles gleich geklappt oder gab es Schwierigkeiten?

Wenn man zu einem Sachthema etwas wissen möchte, kann man sich oft schnell und zuverlässig in einem Lexikon informieren. In diesem Kapitel arbeitet ihr mit Lexika und stellt eure eigenen Preisrätsel zusammen.

78

Suchapparate

4 Für die weitere Arbeit braucht ihr mehrere Lexika in eurer Klasse. Überlegt, wo ihr euch welche besorgen könnt.

5 Es gibt ganz unterschiedliche Nachschlagewerke. Besprecht, welche Informationen sich wohl in welchem Nachschlagewerk am besten finden lassen. Erklärt den Unterschied zwischen einem Wörterbuch und einem Lexikon.

6 Wo würdet ihr Antworten auf diese Fragen suchen, in einem Wörterbuch oder in einem Lexikon?
- Wie heißt die Einzahl von **Bakterien**?
- Sind alle Bakterien Krankheitserreger?
- Wie spricht man **pasteurisieren** aus?
- Für Mädchen ist eine Rötelnschutzimpfung besonders wichtig. Warum?
- In vielen Städten gibt es eine Robert-Koch-Straße. Wer war eigentlich **Robert Koch**?

7 Thema Infektionskrankheiten
Versucht diese Fragen zu beantworten. Informiert euch in euren Lexika.

- Schnupfen, Ziegenpeter und Fußpilz sind ansteckend, Kopfschmerzen nicht. Wieso eigentlich?

- Früher starben auch bei uns viele Menschen an Krankheiten wie Pocken, Polio, Diphterie und Typhus, heute nicht mehr. Wie konnten wir uns schützen?

- Wie nennt man die Medikamente, die gegen Infektionskrankheiten eingesetzt werden? Seit wann gibt es diese Medikamente?

- Welche Ansteckungswege gibt es?

- Was ist eigentlich Tetanus? Schützt die Impfung lebenslang oder muss man sie regelmäßig wiederholen?

- Wer waren Edward Jenner, Emil von Behring, Alexander Fleming und Louis Pasteur?

So könntet ihr beim Suchen vorgehen:

Ziegenpeter
Infektionskrankheit → **Mumps**

Mumps
Ziegenpeter, Parotitis epidemica, eine epidemieartig auftretende → **Infektion**skrankheit, von der vorw. Kinder befallen werden. Der Erreger ist ein Virus. Schwellungen der Ohrspeicheldrüse rufen ein gedunsenes Aussehen hervor.

Infektion
Ansteckung, das Eindringen pflanzl. oder tier. Krankheitserreger in den Organismus. Ist die Abwehrbereitschaft gestört, so vermehren sich die Erreger im Organismus u. führen zu körperl. Reaktionen, die sich als I.skrankheit äußern. Sie sind fast immer mit Fieber verbunden. Nach Abheilung ist in vielen Fällen Immunität entstanden, die eine Wiederholung derselben Krankheit ausschließt. Viele I.skrankheiten treten seuchenartig in → **Epidemien** auf.

Epidemie
Auftreten massenhafter Infektionsfälle in einem begrenzten Bezirk gleichzeitig oder in laufender Folge → **Seuche**

Seuche
eine sich schnell ausbreitende ansteckende Infektionskrankheit, wie Lepra, Cholera, Gelbfieber, Pest, Pocken, Malaria u. A.; als Epidemie, Endemie oder Pandemie.

8 Versucht weitere Fragen zum Thema „Infektionskrankheiten" zu klären. Besprecht zunächst, wie ihr beim Weitersuchen vorgehen wollt und wie ihr die Arbeit sinnvoll untereinander aufteilen könnt. Informiert euch zum Schluss gegenseitig über eure Ergebnisse.

9 Probleme lösen beim Nachschlagen

Sicher habt ihr nicht sofort alles gefunden, was ihr gesucht habt. Sprecht über Probleme, die es dabei gab. Wie habt ihr euch geholfen?
Formuliert Tipps für das Lösen von Problemen beim Nachschlagen, die ihr auf einem Plakat in der Klasse festhalten könnt.

Problem	Lösung
Ich weiß nicht, wo ich nachschlagen soll.	● Überlege genau, was du eigentlich wissen willst. ● In welchem Lexikon ... ● ...
Der gefundene Artikel ist schwer zu verstehen.	● Bei langen Artikeln mit Absätzen und Zwischenüberschriften: Verschaffe dir zuerst einen groben Überblick über den Artikel. In welchem Abschnitt findest du die gesuchte Information am ehesten? ● ...
Ich finde das Suchwort nicht.	● Probiere es mit einer anderen Schreibung aus. ● Versuche es mit bedeutungsähnlichen Wörtern, mit Oberbegriffen oder notfalls mit einem anderen Lexikon. ● ...
...	● ...

Rätsel herstellen

10 Bildet Gruppen zu einem Interessengebiet und stellt Fragen für ein Preisrätsel zusammen. So könnt ihr vorgehen:

Musik
Meerestiere
Medien
Umwelt
ein Kontinent
...

Wählt A oder B!

Rätsel für Lexika in Buchform

A1 B1 Entscheidet euch für einen Themenbereich.

A2 B2 Stellt zehn Fragen zusammen, auf die klare, knappe Antworten möglich sind.
Ihr könnt die Fragen schwieriger und interessanter machen, wenn ihr nicht nur ganz direkt nach der Bedeutung von Suchwörtern fragt.

Rätsel für Lexika auf CD-ROM

A3 B3 Überprüft, ob eure Fragen mit Hilfe der Lexika auch wirklich zu beantworten sind. Schlagt dazu unbedingt selbst nach.

A4 B4 Wenn ihr in eurer Gruppe die Aufgaben festgelegt habt, schreibt sie jeder einmal auf ein einzelnes Blatt, das ihr weitergeben könnt.

11 Tauscht die Rätsel jetzt in der Klasse aus. Jeder bearbeitet selbstständig sein Blatt.

12 Die Gruppen setzen sich im Anschluss zur Korrektur ihres Rätsels wieder zusammen. Überlegt euch einen Preis, den eure Gruppe für die beste Lösung verleihen kann. Wie wäre es z. B., wenn ihr für die Siegerin/den Sieger einen Limerick dichtet?

13 Hier noch ein Vorschlag für das Sommerfest eurer Schule oder für den Weihnachtsbasar:
Organisiert ein öffentliches Preisrätsel in eurer Schule.

Vorbereitung

● Entscheidet euch für einen Themenbereich.

Musikinstrumente

Sprachen der Welt

Gesetzliche Rechte und Pflichten von Kindern und Jugendlichen

Länder der Dritten Welt

● Überlegt, welche Spielregeln ihr festlegen müsst. Soll es z. B. verschiedene Altersklassen geben? Bereitet einige Preise für die Gewinner vor. Was geschieht, wenn mehr richtige Lösungen eingehen, als Preise vorhanden sind?

● Besprecht, wie ihr durch Werbung auf euer Rätsel hinweisen könnt.

● Bereitet ein Plakat oder einen Handzettel mit den Preisaufgaben vor sowie einen Briefkasten für die Antworten.

Durchführung

● Baut eine Nachschlagestation so auf, dass sie für alle zugänglich ist.

● Hängt euer Plakat mit den Tipps zum Nachschlagen auf, das ihr in Aufgabe 8 erarbeitet habt.

● Teilt ein, wer von euch für die Aufsicht und Beratung an der Nachschlagestation zur Verfügung steht.

● Achtet darauf, dass alle Lösungen mit Namen und Klasse oder Anschrift versehen werden.

Auswertung

● Korrigiert die eingegangenen Lösungen und wählt die besten aus. Besprecht in Zweifelsfällen gemeinsam, wo die Grenze zwischen richtig und falsch liegen soll.

● Ihr könnt über die Lösungen des Preisrätsels und über die Gewinner informieren, zum Beispiel auf einem Plakat im Schulflur.

● Große Preisverleihung!

Keine Angst vor einem Referat

„ **Ich mag nicht allein vor anderen reden.** "

1 Geht es euch auch so?

„ **Mir bleiben immer die Worte im Hals stecken.** "

„ **Bei dem Gedanken, allein vorne zu stehen, werden mir die Handflächen schon feucht.** "

2 Zu beneiden sind diejenigen, die an diese Situationen gelassen herangehen können. Das kann man üben. Versucht es einmal so:

Kleine Vorträge, immer wieder

Stellt zuerst alle Tische und Stühle an die Seite. Teilt die Klasse in zwei Gruppen. Bildet einen Außen- und einen Innenkreis. Seht euch an. Der Spielleiter oder die Spielleiterin stellt eine Frage, z. B.: „Wenn du ein Jahr woanders leben müsstest, wo würde das sein und warum?" Jeder versucht seinem Partner oder seiner Partnerin die Frage in zwei Minuten zu beantworten. Auf Zeichen des Spielleiters machen alle im äußeren Kreis einen Schritt nach rechts und beantworten dem neuen Partner noch einmal dieselbe Frage, wieder zwei Minuten lang. Wie oft musstet ihr den Partner wechseln, bis es euch leicht fiel, die Frage zu beantworten?

Fragenauswahl für den Spielleiter

- Wenn du ein Jahr woanders leben müsstest, wo würde das sein und warum?
- Wer ist dein Vorbild und warum?
- Wenn du eine Stunde mit einer berühmten Persönlichkeit reden könntest, wer würde das sein und warum?
- Wenn du ein Jahr lang in Australien leben müsstest, was würdest du aus deinem jetzigen Wohnort am meisten vermissen?
- Was findest du an dir gut und warum?
- Was möchtest du an dir ändern und warum?
- ...

Kleiner Vortrag, großes Publikum

Bildet einen Sitzkreis. Der Spielleiter oder die Spielleiterin stellt wieder eine Frage, zu der sich nun alle äußern müssen. Die Reihenfolge ist dabei beliebig. Derjenige, der antwortet, muss bei dem Beitrag aufstehen. Der Spielleiter führt eine Strichliste um am Ende zu überprüfen, ob sich alle geäußert haben. Wie habt ihr euch dabei gefühlt?

3 Immer häufiger werdet ihr Arbeitsergebnisse vor anderen vorstellen müssen, das heißt referieren oder ein Referat halten müssen. Habt ihr das schon einmal gemacht? An welche Probleme erinnert ihr euch?

Referieren kann man lernen. Die Übungen und Tipps auf den nächsten Seiten könnt ihr bestimmt brauchen, wenn ihr beim Referieren sicherer werden wollt. Ihr findet einige Übungen, die euch zeigen, wie man ein Referat vorbereiten und sicher vortragen kann. Gleichzeitig könnt ihr an einem eigenen Referat arbeiten.

Lesen – markieren – nachschlagen

4 Hier sind Themenvorschläge für euer eigenes Referat. Vielleicht habt ihr aber auch ein Lieblingsthema, über das ihr die anderen informieren wollt.

Wasser ist Leben

Drogen im Alltag: Nikotin, Alkohol

Telekommunikation
     gestern – heute – morgen …

5 Zu Beginn eines solchen Vorhabens ist es immer sinnvoll, sich einen Plan zu erstellen. Am besten hängt ihr ihn euch über den Schreibtisch. So werdet ihr ständig an die noch zu erledigenden Aufgaben erinnert.
Hier findet ihr einen Vorschlag für einen Arbeitsplan. Versucht ihn zu vervollständigen. Dabei prägen sich euch die einzelnen Arbeitsschritte schon gut ein.

Tipp: Ihr könnt den Text mit dem Computer erfassen und dabei die Lücken ausfüllen oder mit der Hand auf ein DIN-A4-Blatt schreiben und dabei die richtigen Begriffe einsetzen.

Karteikarten

Schulbücher

Vortrag

Begriffe

Zeitdruck

Zeitschriften

Bibliothek

Ideen

Sprechzettel

Kapitel

Arbeitsplan für das Referat …

Zeitplan und Vorüberlegungen
Referat bis zum … fertigstellen!
Sofort in der ersten Woche beginnen um nicht unter ●●● zu geraten.
Mit anderen über das Thema nachdenken um zu ●●● zu kommen.
Für die Notizen ●●● besorgen.

Informationen beschaffen und auswerten
Z. B. in der ●●● nach Büchern suchen, in denen etwas zu dem Thema zu finden ist.
Eventuell auch ●●● und ●●● als Informationsquellen heranziehen.
Die ●●● helfen beim Auswählen.
Die ausgewählten ●●● lesen und Überflüssiges aussortieren.
Die wichtigsten ●●● unter einer Überschrift auf je einer Karteikarte festhalten.

Informationen weitergeben
Überschriften und Notizen auf ein DIN-A4-Blatt übertragen = ●●● für ein Referat.
Überlegen, welche ●●● den Zuhörern erklärt werden müssen.
Festlegen, welche Informationen nacheinander vorgetragen werden sollen.
Einleitung und Schluss formulieren, anschließend den ●●● üben.

Inhaltsverzeichnisse

Informationen

Spiekeroog – Urlaub im Wattenmeer

 6 Das Vorbereiten eines Referates übt ihr gemeinsam in einer Arbeitsgruppe. Bildet Vierer-Gruppen.
Einigt euch in eurer Gruppe, wer welchen der folgenden Texte nimmt. Lest euren Text genau durch.

Die Entstehung der Ostfriesischen Inseln

Spiekeroog gehört zu den sieben Ostfriesischen Inseln. Im Unterschied zu den Inseln Nordfrieslands, die einst aus Resten von sturmflutzerrissenem Festland entstanden, sind die Ostfriesischen Inseln sogenannte Düneninseln. Diese entstehen, wenn sich Sandbänke durch Ablagerungen so erhöhen, dass sie nicht mehr durch Sturmfluten überspült werden. Der Wind trocknet die obersten Sandschichten und weht sie zu kleinen Sandzungen zusammen. Hier siedeln sich sogenannte Pionierpflanzen wie die Strandquecke an. Durch das Zusammenspiel von Wind, Wasser und Vegetation wird eine Landschaft aus Dünen unterschiedlichen Alters aufgebaut. Die jungen Dünen liegen näher zur See, die älteren weiter inseleinwärts.

Wie alle Ostfriesischen Inseln hat Spiekeroog seine äußere Gestalt fortwährend verändert. Durch umfangreiche Sandablagerungen am Ostende ist die Insel in den letzten einhundert Jahren von sechs auf fast zehn Kilometer gewachsen.

Spiekeroog gestern

Einst lebten die Spiekerooger, bisweilen mehr schlecht als recht, vom Fischfang. Viele Männer waren als Matrosen auf Walfangschiffen unterwegs. Jene Zeiten sind längst passé.

Die ersten Badegäste kamen bereits vor 1800 nach Spiekeroog. Bei günstigen Winden segelten sie mit einer Fähre vom Festland zur Insel hinüber. Dort ging das Schiff im Watt vor Anker, denn einen Anleger gab es erst ab 1891. Um trockenen Fußes ins Dorf zu gelangen, mussten die Besucher einen einachsigen Karren besteigen, eine „Wüppe". Noch heute heißt der Weg, der vom Hafen ins Dorf führt, „Wüppspoor".

Wer die Straßen und Wege im Ortskern durchstreift, kommt sehr bald der Vergangenheit Spiekeroogs auf die Spur. Zum Beispiel auf dem „Tranpad". Der Pfad führt zum Ortsrand hinaus, dorthin, wo einst die Ladung eines im Sturm gestrandeten Seglers angespült wurde. Ein Geschenk des Himmels gewissermaßen. Zum Beispiel jene Fässer mit Tran, der den Insulanern als Brennstoff willkommen war.

Das Watt – mal Land, mal Meer

Von den Bewohnern des Festlands wird spöttisch erzählt, dass sie sonntags regelmäßig zum Deich pilgern – nur um nachzuschauen, ob das Meerwasser noch da ist und ob man die Inseln vor der Ostfriesischen Küste auch trockenen Fußes erreichen könne. In ihrem Kern verrät diese Anekdote etwas von jenem Staunen, das die Menschen befällt, wenn sie sich der Kräfte bewusst werden, die den Lebensrhythmus im Wattenmeer prägen. Sonne und Mond spielen dabei eine entscheidende Rolle. Ihre Anziehungskräfte verursachen die Gezeiten. Zweimal täglich strömen Millionen Kubikmeter Wasser zwischen den Inseln ins Wattenmeer hinein. Einige Stunden später ist das Intermezzo des Meeres vorbei. Zwischen den Festlandsdeichen und der Insel dehnen sich weite, von schlängelnden Wasserläufen, den Prielen, durchzogene Schlickflächen aus. Das Watt ist eine der wenigen Landschaften, in denen sich die Natur noch weitgehend ungehemmt entfalten kann. Deshalb ist es auch besonders geschützt. 1986 wurden große Teile des niedersächsischen Wattenmeeres zum Nationalpark erklärt.

Auf markierten Wegen können die Besucher auf Entdeckungstour gehen. Wattführer, ausgerüstet mit viel Erfahrung, aber auch mit technischem Gerät wie einem Funkgerät, erklären den Besuchern den Lebensraum „Wattenmeer", Lebensraum Tausender kleinster Lebewesen. Hier an der Küste spricht man von der „Kinderstube" aller Fische und Vögel. Auch Warnungen vor Gefahren kommen bei den Wattwanderungen nicht zu kurz. Auflaufende Flut, plötzlich erscheinender Seenebel oder tiefe Priele können den Wattwanderern immer wieder gefährlich werden.

Intermezzo: Zwischenspiel

Sturmfluten

In jedem Herbst gehen Meldungen wie diese über Radio- und Fernsehanstalten: „Für die gesamte deutsche Nordseeküste besteht die Gefahr einer Sturmflut!" Die Bewohner der Küste müssen seit jeher mit diesen Naturgewalten leben, besonders natürlich die Inselbewohner.

Schlägt man in alten Archiven nach, so stößt man auf Aufzeichnungen aus dem Jahre 1570, in dem am 1. und 2. November die „Allerheiligenflut" großen Schaden im Bereich des Dorfes Spiekeroog und der Außendünen anrichtete. Auch die „Weihnachtsflut" von 1717 richtete an der Küste großen Schaden an. So wurde die Nachbarinsel Langeoog in drei Teile zerrissen und war über Jahre unbewohnbar. Aber auch in jüngerer Vergangenheit haben immer wieder Sturmfluten das Land bedroht, nur hat der verbesserte Deichbau dazu beigetragen, dass die Schäden nicht mehr so viele Opfer fordern.

So schützt heute ein Inseldeich vom neuen Hafen zum Westende das Dorf. Sturmfluten aber reißen in jedem Jahr wieder Teile der Dünen weg, die in mühseliger Arbeit anschließend wieder in Stand gesetzt werden müssen.

Im Jahre 1862 erhielt Spiekeroog eine Rettungsstation, denn nicht selten passierte es, dass vor der Insel Schiffe im Sturm auf die Sandbänke aufliefen. So auch im Jahre 1890, als am 5. Oktober die finnische Bark „Neptun", mit Holz beladen, vor Spiekeroog strandete. Von dem angespülten Holz bauten die Insulaner die erste Landungsbrücke, die 1891 eingeweiht wurde.

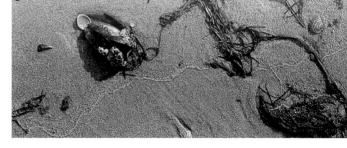

7 Schreibt die wichtigsten Informationen aus eurem Text heraus. Fasst sie in wenigen aussagekräftigen Sätzen zusammen. Informiert euch anschließend gegenseitig in eurer Gruppe über den Inhalt der verschiedenen Texte.

8 Aus euren vier Zusammenfassungen soll ein Gruppenreferat über Spiekeroog entstehen. Euer Referat braucht einen übersichtlichen Aufbau. Legt fest, welche Reihenfolge der Informationen euch sinnvoll erscheint.

- Was soll als Einleitung verwendet werden?
- Welche Reihenfolge soll es im Hauptteil geben?
- Womit soll das Referat schließen?

9 Kaum jemand hat alles im Kopf, was er den anderen in seinem Referat sagen will. Ein Sprechzettel erleichtert das Vortragen.

Das Wichtigste auf dem Sprechzettel hervorheben:
- nummerieren
- unterstreichen
- Pfeile zeichnen
- farbig unterlegen

Spiekeroog – Nationalpark Wattenmeer

Viele Menschen waren noch nie auf einer Nordseeinsel. Wir stellen euch ...

1. Aus Sandinseln entstanden
2. Naturgewalt Sturmflut
3. ...

Wir haben euch nur einen kurzen Einblick gegeben. Vielleicht wollt ihr jetzt noch mehr über die Tier- und Pflanzenwelt im Wattenmeer herausfinden.

Thema des Gruppenreferates festlegen

Einen Einleitungssatz formulieren

Die Reihenfolge im Hauptteil festhalten

Einen Schlusssatz aufschreiben

Besonders wichtige Informationen könnt ihr in einem Referat wörtlich wiedergeben. Diese Technik nennt man zitieren. Ein solches Zitat findet ihr im ersten Abschnitt des Textes „Sturmfluten". Zitate werden immer in Anführungszeichen gesetzt.

10 Legt fest, wann und wie Fachausdrücke erklärt werden sollen:
- vorher, nachher und während des Referats,
- an der Tafel, auf Folie ...
Sollen auch Bilder eingesetzt werden?

11 Bevor ihr das Referat einer anderen Gruppe vortragen könnt, müsst ihr noch üben. Jeder trägt seinen Teil vor. Korrigiert euch gegenseitig. Manchmal muss man dies mehrmals tun.
Tipps für euren Vortrag:
- warten, bis alle Zuhörer leise sind
- Blickkontakt mit ihnen halten
- langsam, laut und deutlich sprechen
- Sprechpausen einlegen
- Wichtiges betonen

12 Tragt jetzt euer Gruppenreferat einer anderen Gruppe vor; anschließend wird gewechselt und ihr seid die Zuhörer. Haben alle Gruppen die gleichen Schwerpunkte gesetzt? War der Aufbau der Referate ähnlich? Was hat euch besonders gut gefallen?

Den Ernstfall proben

13 Und wie weit bist du mit deinem eigenen Referat? Überlege noch einmal: Wo kannst du noch etwas kürzen, wo fehlen noch Informationen für die Zuhörer?

14 Eine gute Möglichkeit, um die erste Nervosität abzulegen, ist es, wenn man nicht nur den Einleitungssatz, sondern die ganze Einleitung ausformuliert und auswendig lernt.

Ich habe mir das Thema „Telekommunikation gestern – heute – morgen" ausgesucht. Die meisten Menschen wissen sehr wenig davon. Vor allen Dingen über die neuesten Entwicklungen. Ich möchte euch auf möglichst verständliche Weise darüber informieren. Wenn ihr etwas nicht versteht, könnt ihr jederzeit Fragen stellen.

Ich habe das Thema: „Wasser ist Leben" gewählt, weil ich mich schon lange und intensiv damit beschäftigt habe. Da dies aber ein sehr umfangreiches Thema ist, habe ich mich in diesem Referat auf die Probleme der Trinkwasserversorgung in unserer Stadt beschränkt.

Seit vielen Jahren wird das Thema „Alltagsdrogen Nikotin und Alkohol" diskutiert. Ich möchte euch jetzt genauer darüber informieren. Wenn ihr während meines Referats Fragen habt, merkt sie euch und stellt sie am Ende.

15 Überlegt, ob ihr euer eigenes Referat ähnlich beginnen wollt.

16 Ihr haltet euer Referat sicherer und gelassener, wenn ihr es vorher mehrfach probt. Dazu muss jeder einen eigenen Weg finden:
- zu Hause allein vor dem Spiegel
- vor einer Partnerin oder einem Partner
- mit Hilfe eines Kassettenrekorders

17 Stellt jetzt gemeinsam mit der Klasse einen Plan auf, wann ihr eure Referate haltet.

18 Wenn es dann endlich geschafft ist:
- nicht mit Beifall sparen,
- dem Referenten mitteilen, was euch besonders gut gefallen hat,
- Fragen stellen,
- vielleicht etwas ergänzen,
- Tipps zur Verbesserung für das nächste Referat geben.

Internationale Wörter

Jeg elsker geografi.

J'aime la biologie.

Eu gosto do Inglês.

1 Um welche Schulfächer geht es hier? Überlegt: Warum könnt ihr das verstehen, auch wenn ihr die Sprachen nicht beherrscht?

Ich mag Informatik.

2 Gibt es in eurer Klasse Schüler, die noch eine andere Sprache sprechen? Fragt sie, wie diese Dinge in ihrer Sprache heißen:

Yo prefiro física.

Müzik severim.

Sammelt die Wörter in einer Tabelle an der Tafel. Welche Wörter versteht ihr leicht?

I like sports.

3 Überlegt: Wie könnte es dazu gekommen sein, dass es dieselben Wörter in ganz unterschiedlichen Sprachen gibt?

Я люблю математику

Es gibt „internationale Wörter", die in vielen Sprachen ähnlich klingen und eine ähnliche Bedeutung haben. Wir empfinden sie oft als Fremdwörter. In diesem Kapitel geht es darum, wie Fremdwörter gebildet sind und wie man sie besser verstehen kann.

Schulkinder und Ozeanologen erkunden gemeinsam die Tiefsee
Tiefenschule

Nach dem Wrack der Titanic hatte man lange vergeblich gesucht. Erst wenige Jahre ist es her, da wurde es von dem Kanadier Robert Ballard gefunden. Er hatte sich für die Suche einen speziellen Tauchroboter gebaut. Heute leitet Ballard eines der ungewöhnlichsten Projekte der Ozeanologie: Jedes Jahr lässt er sein Unterseeboot „Jason" zu einer Tiefsee-Expedition starten, an der Tausende von Schulkindern „live" teilnehmen können.

Mit Satellitenleitungen ist die „Jason" nämlich mit Biologie-Klassenzimmern auf der ganzen Welt verbunden. So können die Bilder, die eine Videokamera unter Wasser aufnimmt, direkt übertragen werden. Und während das unbemannte Tauchboot durch die Welt

unter Wasser gleitet, spricht Ballard an Deck eines Begleitschiffs den passenden Kommentar dazu in sein Mikrofon. In Videokonferenzen stehen den Kids sogar richtige Ozeanologen für ihre Fragen zur Verfügung.

Der Clou des Ganzen: Einige der zehn- bis fünfzehnjährigen Zuschauer dürfen den Tiefseeroboter selbst mit einer Fernbedienung steuern.

Die Idee zu seinem visionären Unterrichtskonzept kam dem Geologen Ballard, nachdem er 1985 mit seinem Titanic-Fund berühmt geworden war. Damals erhielt er Tausende Briefe von Schulkindern. Sie wollten gern an seinen Expeditionsabenteuern teilnehmen.

Nun ermöglicht er ihnen einen Einblick in das unzugängliche Biotop der Tiefsee. Das Projekt wurde inzwischen sogar auf andere Bereiche ausgeweitet. Über Satellitenverbindung können Kinder nicht nur die Biosphäre in der Tiefsee erforschen, sondern auch an Öko-Expeditionen im Regenwald teilnehmen oder mit Archäologen Maya-Tempel erkunden.
Seine Begeisterung für die Ozeanologie übrigens, so gibt Robert Ballard selbst an, wurde schon als Kind geweckt: Er hatte das fantastische Abenteuerbuch „Zwanzigtausend Meilen unter dem Meer" von Jules Verne gelesen.

4 Sprecht über den Text:

- Was für ein Projekt leitet Robert Ballard?
- Wie könnte eine Unterrichtsstunde mit der „Jason" aussehen?
- Überlegt, wie Ballard wohl auf seine Idee gekommen ist.
- Welche Stellen im Text sind noch schwer zu verstehen?

5 In diesem Text kommen viele Fremdwörter vor.
Einige davon kennt ihr bestimmt. Versucht sie zu erklären:
„Ein Mikrofon ist ein Gerät, mit dem man ..."
Bei anderen könnt ihr die Bedeutung sicher erschließen:
„Bei einer Videokonferenz kann man sich wie beim Telefonieren unterhalten, aber gleichzeitig ..."

6 Andere Wörter müsst ihr nachschlagen. Dafür gibt es besondere Hilfsmittel: Fremdwörterbücher.
Besorgt euch einige und informiert euch, was die Abkürzungen und Hinweise in den Wörterbüchern bedeuten. Erläuterungen dazu findet ihr meist ganz vorn im Wörterbuch.
Hier ein Beispiel:

griechisch-neulateinisch

Der Artikel zeigt an, ob das Wort feminin, maskulin oder neutral ist.

Plural: die Ozeanographen

Genitiv: des Ozeanographen

O|ze|a|no|graph [gr.-nlat.] der; -en, -en: Meereskundler. O|ze|a|no|gra|phie die; -. Meereskunde. o|ze|a|no|gra|phisch: meereskundlich. O|ze|a|no|lo|ge der; -n, -n; = Ozeanograph. O|ze|a|no|lo|gie die; -: = Ozeanographie. o|ze|a|no|lo|gisch: = ozeanographisch

Das Wort muss auf dieser Silbe betont werden.

Hier kann man das Wort trennen.

89

7 Schreibt euch zu den Begriffen jeweils eine kurze Erklärung in einem oder zwei Sätzen in euren eigenen Worten auf. Schlagt bei den Wörtern nach, die ihr nicht genau kennt.

Roboter   Projekt   Ozeanologie
Expedition   live   Satellit
Biologie   Videokamera   Kommentar
Mikrofon   Videokonferenz
Ozeanologe   Kid   Clou
visionär   Konzept   Geologe
Biotop   Biosphäre
Öko-Expedition   Archäologe
fantastisch

8 Einige der Wörter kann man nach gleichen Wortbausteinen ordnen:

Bio-	Video-	-logie	-loge
Biologie	...	Theologie	...
Biotop	...	......	...
...	...	...	...

Übertragt die Tabelle in euer Heft und vervollständigt sie.

9 Findet ihr Gemeinsamkeiten in der Bedeutung der Wörter in einer Spalte?
Versucht die Bedeutung der vier Wortbausteine zu beschreiben. Welche Gemeinsamkeit in der Bedeutung haben zum Beispiel die Wörter „Biologie", „Biotop", „Biosphäre"?
Überprüft eure Vermutungen im Fremdwörterbuch.

10 Könnt ihr jetzt auch die Stellen im Text über die Tiefenschule erklären, die zunächst schwer zu verstehen waren?

11 Sammelt nun Wörter mit diesen Wortbausteinen:
MIKRO   TRANS
AUTO   TELE
ÖKO
Legt dazu eine ähnliche Tabelle wie oben an. Wie viele Fremdwörter findet ihr zu jedem Wortbaustein? Wisst ihr bei allen Wörtern, was sie genau bedeuten? Schlagt im Fremdwörterbuch nach.
Versucht nun auch die Bedeutung dieser fünf Wortbausteine zu beschreiben.

12 Wörter auf Weltreise
Manche Wörter haben schon eine weite Reise hinter sich. Ihr könnt ihren Ursprung erforschen. Besorgt euch eine große Weltkarte.
Schlagt nach, aus welchen Sprachen diese Fremdwörter ursprünglich kommen. Informationen dazu findet ihr im Fremdwörterbuch und im Herkunftswörterbuch.

Mathematik   Demokratie   Tomate
Schokolade   Kaffee   Alkohol   Schach
Sputnik   Bonze   Dolmetscher   Döner
Aula   Appetit   Garde   netto   Fairness
Dschungel   Jogurt   Roboter   Girokonto

Tragt die Wörter in eurer Karte dort ein, wo die Herkunftssprachen gesprochen werden. Ihr könnt weitere Wörter suchen, nachschlagen und eintragen. Versucht es z. B. mit Wörtern, die mit Lebensmitteln oder mit den modernen Medien zu tun haben.

Tipp: Wenn ihr keine Weltkarte habt, könnt ihr euch ganz einfach eine selber machen: Paust eine Karte aus dem Atlas auf eine Overhead-Folie durch, projiziert sie auf ein Stück alte Tapetenrolle, die ihr aufgehängt habt, und zeichnet die Karte nach.

13 Bereitet Spiele vor, mit denen eure Klasse in der nächsten Zeit Fremdwörter üben kann.

Wählt A oder B!

Ein Kim-Spiel

A1 Jede Partnergruppe braucht ca. zehn Fremdwörter. Schreibt sie mit einer kurzen, aber genauen Worterklärung gut lesbar auf eine Overhead-Folie. Zerschneidet die Folie, so dass jedes Wort mit der Erklärung auf einem Folienstreifen steht.

A2 Eine Partnergruppe legt ihre zehn Folienstreifen vermischt auf den Projektor. Sie schaltet den Projektor eine Minute lang ein. Dann schaltet sie ihn wieder aus und nimmt ein Wort weg. Nun schaltet sie ihn wieder ein. Die Klasse muss raten, welches Wort fehlt. Wer richtig rät und das Wort erklären und fehlerfrei an die Tafel schreiben kann, darf das nächste Wort wegnehmen. Ihr könnt auch mehr als ein Wort wegnehmen oder nach einiger Zeit wieder Wörter dazulegen. Die Partnergruppe ist während des Spiels „Schiedsrichter".

Ein Klapptafelspiel

B1 Jede Partnergruppe braucht eine Liste mit ca. zehn Fremdwörtern. Schreibt euch zu jedem Wort auch eine knappe, aber genaue Erklärung oder ein bedeutungsgleiches deutsches Wort auf.

B2 Eine Partnergruppe teilt den mittleren Teil der Klapptafel in zwei Hälften. Auf die linke Hälfte schreibt sie die Fremdwörter untereinander, auf die rechte die Erklärungen dazu. Die Klasse sieht sich zwei Minuten lang an, was an der Tafel steht. Dann wird die linke Hälfte zugeklappt. Die Partnergruppe liest eine der Erklärungen vor und die Klasse rät, wie das dazugehörige Fremdwort heißt. Wer es richtig errät und fehlerfrei an die Tafel schreibt, darf die nächste Fremdworterklärung vorlesen. Ihr könnt das Spiel leichter oder schwieriger machen, indem ihr der Klasse die Wörterliste an der Tafel gar nicht oder mehrmals zeigt.

14 Fremdwörter – ja oder nein?

> **Also, ich finde, wir sollten auf Fremdwörter möglichst ganz verzichten. Sie sind oft schwieriger als andere Wörter und außerdem …**

> **Nein, wir können gar nicht auf Fremdwörter verzichten. Für viele Dinge gibt es doch nur Fremdwörter als Bezeichnung und außerdem …**

Welcher Meinung würdet ihr eher zustimmen? Entscheidet euch spontan. Bearbeitet die Aussage dann mit der PMI-Methode. Diskutiert anschließend in der Klasse darüber.

Fliegenköpfe, Schmutztitel und Signaturen

der Sammlung des Museums.

Ein weiteres Angebot des Gutenberg-Museums der St▮dt Mainz an seine Besucher ist der Druck-laden, der sich in unmittelbarer Nähe des des Mu-seums am Liebfrauenplatz befindet. Hier können Besuchergruppen einige der handwerklichen Druck-verfahren, über die ▮▮ M▮seum informiert, selbst ausprobieren. Sie können selbst einen kurzen Text setzen, die gewünschte Druckfarbe anmischen, den Satz mit ▮ Farbwalze einfärben und auf der Abzieh-presse ihre eigenen Drucke herstellen. Wer Ged▮ld hat das Trocknen abzuwarten, nimmt nimmt dann die Ergebnisse seiner Arbeit stolz nach Hause mit.

1 In diesem Text gibt es 3 Fliegenköpfe, 2 Hochzeiten, 1 Hurenkind, 2 Leichen und eine Witwe. Findet ihr sie?

Aus einem Fachwörterverzeichnis der Druckersprache:

Absatz: Abschnitt eines Textes;
Fliegenkopf: auf dem Kopf stehende Druckletter[1];
Hochzeit: doppelt gesetzte Wörter;
Hurenkind: Seite beginnt mit der letzten Zeile eines Absatzes, gilt als besonders unschön;
Leiche: Wort, das im Text fehlt;
Schusterjunge: neuer Absatz beginnt in der letzten Zeile einer Seite, gilt als unschön;
Witwe: letzte Zeile eines Absatzes besteht nur aus einem ganz kurzen Wort, gilt als unschön

2 Meist werden Druckvorlagen mit dem Computer her-gestellt. Man nennt das *Desktop-Publishing*. Erklärt folgende Fach-wörter. Was damit jeweils ge-meint ist, kommt auf dieser Sprachbuchseite mindestens einmal vor.

Fußnote   Fettdruck
Kursivdruck   Blocksatz
Schriftgrad   Schriftart
Fließtext   Einzug
g e s p e r r t e S c h r i f t
formatieren   Spalten

3 Überlegt: Welcher der Fach-begriffe aus Aufgabe 1 wird beim Desktop-Publishing nicht mehr benötigt?

In vielen Berufen, in Wissenschaft und Technik, in speziellen Hobbys werden F a c h w ö r t e r ver-wendet. Damit kann man sich besonders präzise und knapp ausdrücken. Als Laie muss man sie sich allerdings erst einmal aneignen.

In diesem Kapitel lernt ihr einen Fachwortschatz rund ums Buch kennen und stellt selbst Fachwörter zu einem eurer Interessengebiete zusammen.

[1]Als man noch Bleilettern mit der Hand aneinander fügte um die Druckvorlage zu erstellen, konnte es geschehen, dass die Bleiletter aus Versehen umgedreht wurde. So wurde der Fuß der Bleiletter abgedruckt.

4 Woraus besteht eigentlich ein Buch? Versucht so viele Einzelheiten zu benennen, wie ihr könnt. Ihr könnt euch an der Abbildung orientieren.

5 Die rot und grün gedruckten Fachbegriffe helfen ein Buch genau zu beschreiben. Schlagt die Wörter, die ihr nicht kennt, in einem Wörterbuch, in einem Bildwörterbuch oder in einem Lexikon nach. Schreibt sie dann in euer Heft und setzt jeweils die passende Ziffer aus den Zeichnungen dazu.

6 Bücher-Raten

Nehmt dann nacheinander mehrere Bücher zur Hand und beschreibt sie genau. Verwendet dabei so viele Fachbegriffe wie möglich, aber nennt nicht den Titel und das Titelbild.
Lest dann die Beschreibung vor. Wer das Buch errät, beschreibt das nächste.

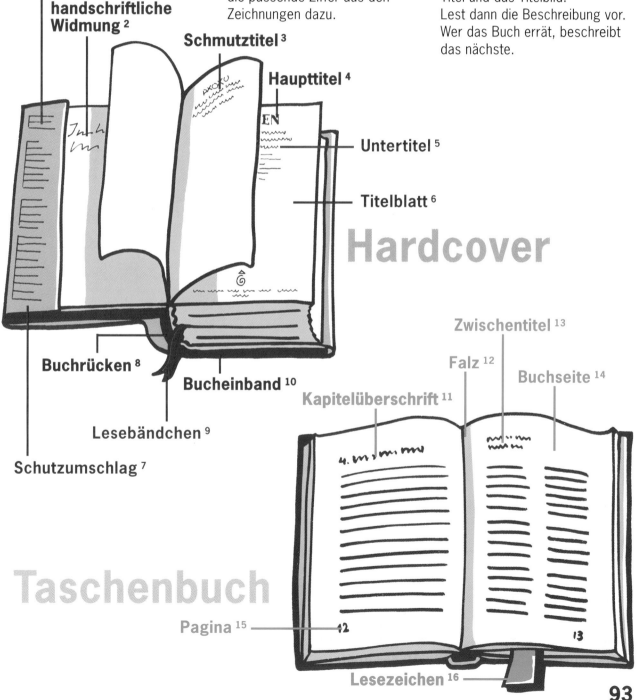

Klappentext 1

handschriftliche Widmung 2

Schmutztitel 3

Haupttitel 4

Untertitel 5

Titelblatt 6

Hardcover

Buchrücken 8

Bucheinband 10

Lesebändchen 9

Schutzumschlag 7

Zwischentitel 13

Falz 12

Buchseite 14

Kapitelüberschrift 11

Taschenbuch

Pagina 15

Lesezeichen 16

7 Stellt nun einen Fachwortschatz zu einem eurer persönlichen Interessen-gebiete zusammen und stellt ihn in der Klasse vor. Ein gutes Hilfsmittel dazu sind Fach-bücher, die am Schluss ein Stichwortverzeichnis haben.

Wählt A oder B!

Ihr macht einen Bibliotheksbesuch, wenn es in eurer Nähe eine Bücherei gibt, die ihr mit der ganzen Klasse oder in Partnergruppen besuchen könnt.

A1 Bücher, Zeitschriften, Kassetten und andere Medien zu euren Interessen-gebieten findet ihr in der Stadt- oder Gemeindebücherei. Allerdings ist es oft nicht gerade einfach, dort unter der Vielzahl von Titeln das Richtige zu finden. Sprecht über Erfahrungen, die ihr dabei früher schon gemacht habt.

A2 Geht in eine Bücherei und bittet die Auskunft euch zu erklären, wie ihr Bücher zu einem bestimmten Thema findet.

A3 Sucht nun, wo Bücher zu einem Sachgebiet stehen, das euch interessiert und über das ihr vielleicht auch gut Bescheid wisst.

A4 Sucht jetzt etwa zehn wichtige Fachbegriffe aus diesem Gebiet. Wählt ruhig Begriffe aus, die die anderen in eurer Klasse wahrscheinlich nicht kennen. Fertigt eine Liste an und schreibt euch auch die Erklärungen dazu auf.

Ihr holt euch die Fachbücher in die Klasse.

B1 Besprecht, ob ihr Bücher zu einem gemeinsamen Klassenthema oder zu einigen verschiedenen Interessengebieten besorgen wollt. Besprecht auch, woher ihr die Bücher bekommen könnt:
Gibt es in eurer Schule welche?
Könnt ihr ein Bücherpaket bei einer Stadt- oder Gemeindebücherei oder beim Bücherbus bestellen?
Könnt ihr welche von zu Hause mitbringen?

B2 Seht die Bücher durch. Fertigt eine Liste von etwa zehn wichtigen Fach-begriffen zu eurem gemeinsamen Thema oder zu eurem Interessengebiet an. Wählt ruhig Begriffe aus, die die anderen in eurer Klasse wahrscheinlich nicht kennen. Schreibt euch die Begriffe und eine Erklärung dazu auf.

Tipp: Man findet wichtige Fachbegriffe oft im **Inhaltsverzeichnis**, in den **Kapitelüberschriften**, in der **Einleitung**, im **Glossar** oder im **Sachregister**.

Signatur

Magazin

Standort

Leihfrist

Leihschein   Schlagwortkatalog

Mahngebühr   EDV-Katalog

Benutzerausweis

alphabetischer Katalog

8 Stellt die Fachbegriffe, die ihr ausgewählt habt, nun den anderen in der Klasse vor. Sagt, aus welchem Interessengebiet sie stammen, und lasst die anderen raten, um was es sich jeweils handelt. Erklärt ihnen am Schluss, was man unter den Fachbegriffen wirklich versteht.

Überlegt dazu, wie die anderen eure Erklärungen am besten verstehen können. Vielleicht wollt ihr mit dem Overhead-Projektor arbeiten, zum Beispiel auf eine Folie zeichnen wie hier zum Thema „Aquaristik".

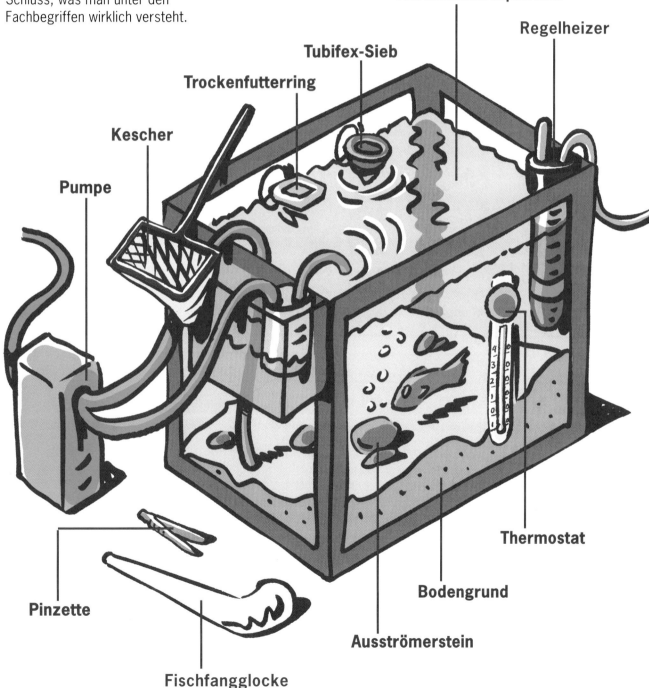

Pumpe
Kescher
Trockenfutterring
Tubifex-Sieb
Warmwasseraquarium
Regelheizer
Pinzette
Fischfangglocke
Ausströmerstein
Bodengrund
Thermostat

Voll geil, Ihro Gnaden!

irre
hypermäßig
krokofantös
hip

1 Welche dieser Wörter benutzt ihr auch? Kennt ihr weitere mit ähnlicher Bedeutung? Haltet sie an der Tafel fest. Welche sind bei euch gerade ganz aktuell?

2 Mit wem würdet ihr so sprechen, mit wem nicht?

geil(o): im Althochdeutschen und Mittelhochdeutschen: kraftvoll, übermütig, lustig, fröhlich; seit dem 20. Jahrhundert hat „geil" eine eindeutig erotische Bedeutung; in der Jugendsprache wieder eine Bedeutungsveränderung vom Erotischen weg: (sehr) gut, wunderbar, hervorragend; eine der beliebtesten Vokabeln vieler 13- bis 18-Jähriger; verschiedene Steigerungsformen, z.B. affengeil, ultraoberaffengeil, megageil, gigageil, turbogeil, voll geil; Gegenteil: ungeil; Bsp.: ein geiler Film, ein geiles Buch, ein geiles Feeling.

Cool(man): engl. = kühl, kalt; jugendsprachl.: 1. ruhig, gelassen, überlegen; 2. hervorragend, besonders gut – in dieser Bedeutung einer der zentralen Begriffe der Jugendsprache; auffällig ist die Bedeutungserweiterung gegenüber dem Englischen; Bsp.: Immer cool bleiben, Django! Da hab' ich mir wieder mal'nen ganz coolen Job gekrallt.

3 Versucht die Ausdrücke an der Tafel zu erklären. Was meint man damit? Aus welchen Wörtern könnten sie entstanden sein?

Wörter, ihre Bedeutungen und ihre Verwendung können sich ändern. Das erforscht ihr in diesem Kapitel. Ihr beschäftigt euch dazu mit Wörtern aus der Jugendsprache und mit Anredepronomen (du, Sie, …).

4 „Was hast du denn da an der **Flosse**? Ist das Tinte?"
„Tut mir Leid, Mathe **blick'** ich auch nicht."
„Kelly Family? Na, manche Songs sind doch schon ziemlich **abgelutscht**, oder?"
Wenn Wörter in die Jugendsprache wandern, können sie sich auf unterschiedliche Weise verändern.

Überlegt, was **Flosse**, **blicken** und **abgelutscht** in diesen Sätzen bedeuten und welche Grundbedeutung sie in der Hochsprache haben.
Bildet auch zu einigen von den Wörtern, die ihr an der Tafel gesammelt habt, Sätze.
Überprüft, welche Bedeutung sie in der Jugendsprache haben, und vergleicht mit der Grund-

bedeutung in der Hochsprache. Haben sich in manchen Fällen auch die Wörter selbst verändert?

tödlich
rabenstark   **Grufti**
ultracool
Fascho

einen Softwarefehler haben

Ein Wörterbuch der Jugendsprache – selbstgemacht

Was Lehrer, Eltern und andere Erwachsene von eurer aktuellen Jugendsprache wissen, ist meist völlig veraltet. Ihr könnt ihnen ein wenig auf die Sprünge helfen, indem ihr ein kleines Wörterbuch der Jugendsprache anlegt. Wenn ihr das in Form einer Kartei, einer Loseblattsammlung oder einer Computerdatei tut, könnt ihr euer Wörterbuch später sogar immer wieder ergänzen und auf dem neuesten Stand halten.

5 Zuerst müsst ihr Wörter sammeln. Viele fallen euch sicher selbst ein.
Noch mehr findet ihr mit einem Fragebogen für Schülerinnen und Schüler in anderen Klassen. Erklärt ihnen zuerst ganz kurz, was ihr vorhabt. Fragt sie dann, welche Wörter aus der Jugendsprache sie zum Beispiel kennen für: Junge, Mädchen, gut/hervorragend, verrückt sein, Geld, lernen.

6 Sammelt alle Wörter, die ihr gefunden habt, an der Tafel. Entscheidet, ob ihr wirklich alle in das Wörterbuch aufnehmen wollt. Es gibt auch Wörter, die herabsetzend oder verletzend sind und die Grenzen des guten Geschmacks überschreiten.

7 Schreibt nun euer Wörterbuch.

Wenn ihr ein möglichst umfangreiches Wörterverzeichnis Jugendsprache/Hochsprache und Hochsprache/Jugendsprache anlegen wollt

 Wählt A

A1 Legt zuerst ein „Vokabelverzeichnis" Jugendsprache/Hochsprache an.
Erklärt jedes Wort möglichst nur durch einen oder zwei Begriffe aus der Hochsprache.
Ordnet euer Verzeichnis dann alphabetisch.
Am besten geht das, wenn ihr jede „Vokabel" auf eine eigene Karteikarte schreibt. So machen es auch die Wörterbuchredaktionen.

A2 Legt nun ein Verzeichnis Hochsprache/Jugendsprache an. Geht dabei von den Begriffen aus, die ihr vorher zum Erklären benutzt habt. Ordnet auch dieses Verzeichnis alphabetisch.

oder B!

Wenn ihr zu wenigen ausgewählten Wörtern genauere Wörterbuchartikel schreiben wollt

Wählt von den Wörtern an der Tafel einige aus.
Schreibt dazu jeweils einen Wörterbuchartikel. Ihr könnt den Artikel so aufbauen wie die beiden Beispiele aus dem Lexikon der Jugendsprache auf S. 96.
Das könnt ihr aufnehmen:
1. ursprüngliche Bedeutung,
2. Bedeutung in der Jugendsprache,
3. Zusammensetzungen, Ableitungen, Gegenteil,
4. Beispielsätze.

8 Lest euer Wörterverzeichnis und die Wörterbuchartikel in der Klasse vor. Sind alle einverstanden? Wollt ihr noch etwas ändern?

Die neuen Klamotten von der großen Pappnase

Ist schon ewig lange her, da lebte mal eine riesengroße Pappnase von Kaiser. Der stand so absolut auf trendy Klamotten, dass er sein ganzes Bares dafür locker machte. Einmal kamen zwei ziemlich schräge Spruchkasper zu ihm und sülzten ihm vor, sie wären Weber. Sie könnten …

9 Übersetzungen von der Hochsprache in die Jugendsprache können ziemlich witzig sein. Probiert es einmal mit „Der süße Brei", mit einem Zeitungsbericht oder mit einem Abschnitt aus diesem Sprachbuch aus.

Brüder Grimm
Der süße Brei
Es war einmal ein armes frommes Mädchen, das lebte mit seiner Mutter allein und sie hatten nichts mehr zu essen. Da ging das Kind hinaus in den Wald und begegnete ihm da eine alte Frau, die wusste seinen Jammer schon und schenkte ihm ein Töpfchen, zu dem sollt es sagen „Töpfchen, koche", so kochte es guten süßen Hirsebrei, und wenn es sagte „Töpfchen, steh", so hörte es wieder auf zu kochen. Das Mädchen brachte den Topf seiner Mutter heim und nun waren sie ihrer Armut und ihres Hungers ledig und aßen süßen Brei, sooft sie wollten. Auf eine Zeit war das Mädchen ausgegangen, da sprach die Mutter „Töpfchen, koche", da kocht es und sie isst sich satt; nun will sie, dass das Töpfchen wieder aufhören soll, aber sie weiß das Wort nicht. Also kocht es fort und der Brei steigt über den Rand hinaus und kocht immerzu, die Küche und das ganze Haus voll, und das zweite Haus und dann die Straße, als wollts die ganze Welt satt machen, und ist die größte Not und kein Mensch weiß sich da zu helfen. Endlich, wie nur noch ein einziges Haus übrig ist, da kommt das Kind heim und spricht nur „Töpfchen, steh", da steht es und hört auf zu kochen; und wer wieder in die Stadt wollte, der musste sich durchessen.

10 Habt ihr Wörter verwendet, die noch nicht in eurem **Wörterbuch der Jugendsprache** stehen? Ergänzt sie im Wörterbuch.

11 Wer könnte wohl den einen Standpunkt vertreten, wer den anderen? Welcher der beiden Meinungen unten stimmt ihr eher zu? Diskutiert in der Klasse darüber.

Die sogenannte Jugendsprache ist oft unhöflich, ungenau und nachlässig. Sie ist ein Zeichen von geistiger Bequemlichkeit. Man sollte versuchen sie zu vermeiden.

Jugendsprache ist originell und witzig. Oft kann man damit ganz knapp ausdrücken, was man denkt und fühlt, nicht selten besser als in der Sprache der Erwachsenen.

Duzen? Siezen? Ihrzen? Erzen?

Ihr habt euch mit der Veränderung der Bedeutung von Wörtern beschäftigt, wenn sie von der Hochsprache in die Jugendsprache wandern. Aber auch in der Hochsprache sind Wörter im Laufe der Zeit immer wieder anders benutzt worden, zum Beispiel die Anredepronomen.

12 Seid ihr schon einmal gesiezt worden? Habt ihr schon einmal jemanden geduzt, den das gestört hat? Du oder Sie – manchmal können die Anredepronomen ein Problem sein. Wann wird „du" benutzt, wann „Sie"? Versucht Regeln dafür zu finden.

Wenn ihr Schüler in der Klasse habt, die noch eine andere Sprache beherrschen, fragt sie, ob es dort auch „du" und „Sie" gibt. Gelten dort dieselben Regeln? Wie werden z. B. verschiedene Verwandte angesprochen?

13 Die Anredepronomen sind nicht immer mit derselben Bedeutung gebraucht worden wie heute. Ihr könnt das an den nebenstehenden Auszügen aus Gesprächen untersuchen, die man um das Jahr 1750 herum geführt haben könnte. Stellt fest, welche Anredewörter man damals verwendet hat. Wer gebrauchte sie gegenüber wem?

„Zeig er mir doch mal den Krug da vorne! Hat der auch keinen Sprung?"
„Aber nein, Gevatterin. Das ist beste Ware. Hier hat sie ihn, prüfe sie ihn doch selbst. Den kann sie getrost kaufen."

„Du bleibst zu Hause, Johann, und hütest die Gänse."
„Ach Vater, nehmt mich doch mit auf den Markt. Ihr seid allein und könnt nicht alles tragen. Gehn wir beide, so kann ich euch helfen."

14 Versucht einige Regeln für den Gebrauch der Anredewörter im 18. Jahrhundert zu finden. Vergleicht mit unserem heutigen Sprachgebrauch. Wie viele Möglichkeiten der Anrede gab es damals, wie viele gibt es heute?

„Ach, der Herr Pfarrer. Guten Morgen! Besuchen Sie uns doch einmal nach der Sonntagspredigt. Meine Frau, die Gräfin, würde sich freuen."
„Ihro Gnaden sind zu freundlich. Gern besuche ich Dieselben einmal auf dem Schlosse."

15 Zum Teil sind uns die Anredepronomen aus dem 18. Jahrhundert ziemlich fremd. Probiert sie einmal in Partnerarbeit selbst aus. Unterhaltet euch jeweils zwei Minuten lang über ein verabredetes Thema und ihrzt euch dabei einmal („Habt ihr schon gefrühstückt, Melanie? Hat es euch geschmeckt?"), erzt/siezt euch („Hat er/sie schon gefrühstückt, Markus/ Melanie? Hat es ihm/ihr geschmeckt?") und redet euch mit „Dieselben" und einem Anredewort an („Haben Ihro Gnaden schon gefrühstückt? Hat es Denselben geschmeckt?").

16 Wenn wir heute noch das Anredesystem des 18. Jahrhunderts gebrauchen würden, wer würde dann an eurer Schule wohl welche Anrede gegenüber wem benutzen?

Sprachbilder –
Bildersprache

1 Lest die Sätze. Zeichnet zu jedem Satzpaar zwei Bilder, die beim Lesen vor euren Augen entstanden sind. Verteilt die Zeichenaufgaben in der Klasse.

2 Hängt eure Zeichnungen in der Klasse auf, schaut sie euch gemeinsam an. Vergleicht, was fällt euch auf?

3 Welche Satzpaare waren nicht so leicht oder gar nicht zu zeichnen?

Manche Ausdrücke, die ihr gezeichnet habt, haben wortwörtliche, manche übertragene Bedeutung. In ihrer übertragenen Bedeutung nennt man sie **Metaphern**.

Gibt es …

**Könige, die Kronen haben
Bäume, die Kronen haben**

**Menschen, die mit dem Auto aus der Garage fahren
Menschen, die aus der Haut fahren**

**Eisen, die glühen
Verehrer, die glühen**

**Handwerker, die mauern
Fußballmannschaften, die mauern**

**Regentropfen, die vom Himmel fallen
Meister, die vom Himmel fallen**

**Esel, die Lasten tragen
Esel, die aus Draht sind**

**Hunde, die kurze Beine haben
Lügen, die kurze Beine haben**

**Babys, die schreien
Farben, die schreien**

**Nahrungsmittel, die faul sind
Ausreden, die faul sind**

Was steckt dahinter? Was ist gemeint?

 4 Sucht aus den Satzpaaren jeweils die Metapher heraus.
So formuliert kommen die Metaphern in der Alltagssprache allerdings nicht vor. Überlegt euch deshalb kurze Sätze oder Situationen, in denen man die Metaphern benutzen kann.

5 In unserer Alltagssprache kommen Metaphern sehr häufig vor. Viele sind uns so selbstverständlich, dass wir sie nicht mehr bemerken. In dem Text sind fünf Metaphern versteckt, findet ihr sie heraus?

> Es hilft meistens nicht weiter, vor Problemen davonzulaufen. Auch nicht nach einer versiebten Klassenarbeit. Selbst wenn diese Hürde zu hoch war, am nächsten Tag erwacht der Morgen wieder wie immer und bei der nächsten Arbeit weckst du eben den Tiger in dir.

Stellt die herausgefundenen Metaphern vor. Versucht den anderen die Beziehung zwischen übertragener und ursprünglicher Bedeutung zu erklären.

„Vor Problemen davonlaufen" heißt ja nicht, dass man sich in Bewegung setzt und wirklich wegrennt, sondern man will das Problem nicht sehen und wendet sich davon ab.

  6 Sammelt weitere Metaphern, die in die Alltagssprache oder in die literarische Sprache übernommen wurden.

Wählt A, B oder C!

Sucht in Tageszeitungen im Sportteil nach Metaphern. Schreibt sie heraus und erklärt ihre wortwörtliche und ihre übertragene Bedeutung.

Überlegen gespielt
München. Die Bayern sahnten wieder einmal ab. Der noch angeschlagene Klinsmann dirigierte das Leder drei Mal in das gegnerische Eck.
Der Countdown für die Europameisterschaft läuft ...

Sucht im Lesebuch oder in Gedichtsammlungen nach Metaphern, die Autoren als Stilmittel verwendet haben. Schreibt die Metaphern heraus, erklärt ihre wortwörtliche und übertragene Bedeutung. Vielleicht müsst ihr dazu euren Lehrer oder eure Lehrerin um Hilfe bitten.

...
Friedsel'ge Wolken schwimmen durch die klare Luft,
Als kehrten Engel heim von einer nächt'gen Wacht.
Die dunklen Schollen atmen kräft'gen Erdgeruch.
...

Sammelt aus Zeitschriften und Werbebeilagen Metaphern, die in der Werbung eingesetzt werden. Schneidet sie aus, versucht dazu ihre wortwörtliche und übertragene Bedeutung zu erklären.

Wir geben Ihrer Zukunft ein Zuhause.
Wer jung ist, will Gas geben.
Aber ohne Kohle läuft bekanntlich gar nichts ...

Berühmte Männer und Frauen

Marca: „Boris **ist** endlich wieder da. Das **war** schon klar, als er Agassi im Halbfinale von Wimbledon **zerbrach**."

Gazzetta dello Sport: „Halten wir ihn in Ehren, so wie ihn **gibt** es wenige."

Le Parisien: „Becker **hat** für Barbara **gewonnen**."

Hoffentlich bin ich stark genug und schaffe den Absprung vom Tennis, solange ich noch in der Weltspitze bin.

Außer Tennis habe ich eigentlich nichts gelernt.

1991 gewinnt er gegen Ivan Lendl in Melbourne die Australian Open und wird für drei Wochen Erster der Weltrangliste, nachdem er 1989 auch die US Open gewonnen hatte.
...

Wird jemals ein anderer Tennisspieler in Deutschland den Ruhm von Boris Becker erreichen?

1 Sprecht über die Texte. Wisst ihr noch mehr über Boris Becker? Schaut auch im Lexikon oder in Sportbüchern nach.

2 Wenn Boris über sich und seine Vergangenheit spricht, redet er im Präsens oder Perfekt. Welche Zeitformen findet ihr noch in den Texten von und über Boris Becker? Übertragt die Tabelle in euer Heft und ergänzt sie.

Zeitformen der Verben

Infinitiv	...	...	...	Plusquamperfekt	...
sein	er **ist**	er **ist gewesen**	er **war**	er **war gewesen**	er **wird sein**
geben	er **gibt**	er **hat gegeben**	er **gab**	er **hatte gegeben**	er **wird geben**
gewinnen	er **gewinnt**	er **hat gewonnen**	...	er **hatte gewonnen**	...
...	...	...	er **bestätigte**	...	...
...	...	...	...	...	er **wird erreichen**

In diesem Kapitel wiederholt ihr die Zeitformen der Verben und untersucht, wann man sie gebraucht.

Spiel mit den Zeiten

3 Spielt mal mit den Zeitformen.
Dann werdet ihr bestimmt sicherer.

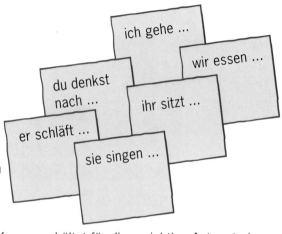

Zeitformen-Ecken
Eine Sechser-Gruppe schreibt ganz
viele Kärtchen mit konjugierten Verben
im Präsens.

In jeder Ecke des Klassenzimmers dürfen
die Verben nur in einer vorher bestimmten
Zeitform genannt werden und in der Mitte
eures Klassenzimmers ist die Infinitiv-
Zone. An allen Stationen stehen „Exper-
ten", die jeweils einen Punkt auf dem
Kärtchen notieren, wenn du die richtige
Form weißt. Also: Du ziehst z. B. das
Kärtchen „sie singen", gehst damit in die
Präteritum-Ecke, sagst „sie sangen" und

erhältst für diese richtige Antwort einen
Punkt, der auf dem Kärtchen vermerkt
wird. Wenn du fünf Punkte erreicht hast,
ziehst du ein neues Kärtchen. Wenn du die
richtige Zeitform nicht sagst, behält der
Experte dein Kärtchen.
Setzt euch ein Ziel: Wenn jemand von euch
zehn Kärtchen mit je fünf Punkten hat, ist
er der Sieger.

Tabellen ausfüllen
Fertigt Tabellen wie auf
Seite 102 an. Füllt
immer nur ein Feld in einer Reihe
aus, die anderen muss die
Partnerin oder der Partner
ergänzen.

Zeitformen erkennen
Stellt Spielkarten her: Auf die eine Seite
schreibt ihr eine Zeitform, auf die Rück-
seite ein Verb in dieser Zeitform.

sie schwammen

Präteritum

Legt die Karten so hin, dass man das
konjugierte Verb erkennt. Wer die Zeitform
als erster richtig nennt, erhält die Spiel-
karte. Derjenige mit den meisten Spielkarten hat gewonnen.

Zeitformen-Kette
Bildet Fünfer-Gruppen und setzt euch in einen Kreis.
Einer beginnt und sagt ein Verb im Infinitiv. Die anderen
müssen das Verb in die verschiedenen Zeiten setzen –
immer in der Reihenfolge: Präsens – Perfekt – Präteritum –
Plusquamperfekt – Futur. Überlegt euch, was der Spieler
tun soll, der die richtige Form nicht weiß.

laufen ○ *ich laufe* ○ *ich bin gelaufen* ○ *ich lief* ○ *ich war gelaufen* ○ *ich werde laufen* ○ *träumen* ○ *...* ○

Präsens für Vergangenes und Zukünftiges

4 Hier sind Ausschnitte aus Lebensläufen von bekannten Personen. Um wen handelt es sich?

„Geboren wurde ich im November 1907. Der Hof, auf dem wir wohnten, hieß und heißt heute noch Nas und er liegt ganz in der Nähe von Vimmerby, einer kleinen Stadt in Småland. Als ich dreizehn Jahre alt **war**, **zogen** wir in das große neu erbaute Haus auf Näs ein. Auf der Veranda **ließ** ich später Pippi Langstrumpf ihr Pferd unterstellen ..."

Sie **begeistert** das Publikum in aller Welt, das in ihr jedoch nur das blonde, superweibliche Sexidol **sieht**. In den 50er Jahren **spielt** sie die Hauptrolle in zahlreichen, meist komischen Filmen. Der anspruchsvolle Film „Nicht gesellschaftsfähig" hat nur mäßigen Erfolg. Zwei Jahre später, am 4. August 1962, nimmt sie sich das Leben.

5 Die Texte informieren über vergangene Ereignisse. In welchen Zeitformen stehen die Verben? Was fällt euch auf?

6 Untersucht diese Sätze. In welcher Form stehen die Verben? Welche Zeitstufe drücken sie aus: Gegenwart, Vergangenheit oder Zukunft?

Paul McCartney singt gerade im Fernsehen.
Nächste Woche trifft sich die weltberühmte Band noch einmal in Liverpool.
Am 8. Dezember 1980 erschießt ein fanatischer Fan John Lennon.

7 Schreibt nun selbst Sätze oder einen kleinen Text über berühmte Persönlichkeiten, die ihr kennt. Benutzt dazu ausschließlich das Präsens. Nennt den Namen nicht, lasst die anderen raten.

Wählt A oder B!

Einen Lebenslauf über eine Persönlichkeit deiner Wahl schreiben

Seit ihrem vierten Lebensjahr spielt sie Tennis ...

Aufschreiben, was eine Persönlichkeit deiner Wahl in Zukunft macht

Nächste Woche beendet ●●● ihre Karriere. Sie hört auf ... und ...

8 Lest eure Sätze und Texte vor. Vergleicht sie. Konntet ihr ohne große Schwierigkeiten immer das Präsens einhalten?

Perfekt gegen Präteritum

9 Stellt euch vor, ihr habt ein außergewöhnliches Sportereignis im Fernsehen verfolgt.
Wie würdet ihr am nächsten Tag darüber sprechen?

> **Hast du gesehen, wie er den Elfmeter verschossen hat?
> Er ist viel zu langsam angelaufen.
> Der Tormann hat ...**

Wenn man selbst erlebte Geschichten mündlich erzählt, benutzt man oft das Perfekt. In geschriebenen Texten gebraucht man eher das Präteritum. Prüft an einem aktuellen Ereignis selber nach, ob ihr beim Erzählen wirklich das Perfekt verwendet und ob in der Zeitung das Präteritum gebraucht wird.

Geschriebene Texte werden jedoch in einer anderen Zeitform abgefasst. Vergleicht den Zeitungsausschnitt mit der Erzählung.

> In der 58. Minute verschoss er zu allem Unglück noch einen Elfmeter. Die Spieler protestierten heftig, weil ...

10 Schreibt selbst über ein aktuelles Ereignis, das ihr im Fernsehen verfolgt habt und an dem eine bekannte Persönlichkeit beteiligt war.

Plusquamperfekt vor Präteritum

11 Bildet selbst Sätze über berühmte Persönlichkeiten. Verwendet Wörter wie **nachdem**, **vorher**, **zuvor** und **früher**.
Sprecht dann über die verwendete Zeitform.

Das Plusquamperfekt ist eine Vergangenheitsform. Es wird vor allem verwendet, wenn man ausdrücken will, dass etwas noch vor dem schon Vergangenen stattfand.

> Nachdem er Jahre lang öffentlich als Klavier spielendes Wunderkind aufgetreten war, wurde Amadeus mit 13 Jahren Konzertmeister in Salzburg.

Eine Übung mit Futur

12 Bill Gates schreibt in seinem Buch „Der Weg nach vorn" über die Möglichkeiten der Telekommunikation in der Zukunft. Der nebenstehende Text ist in der falschen Zeitform wiedergegeben. Stelle diese Originalfassung wieder her.
Das Futur wird benutzt, wenn man etwas Zukünftiges ausdrücken will.

> Der Informations-Highway **verschafft** uns allen Zugang zu scheinbar unbegrenzten Informationen. ... Jeder **ruft** mühelos Informationen ab. ... Die neue Technologie **macht** die Lehrer nicht überflüssig. ... Sie **bringt** uns mehr Freizeit. ... Sie **ist** erschwinglich. ... Die Kinder **wachsen** mit dieser Technologie auf. ... Der Abstand zwischen den armen und reichen Ländern **verringert** sich.

Unbekannte Täter

Mein Fahrrad ist gestohlen worden.

Bei uns ist eingebrochen worden.

Mein Reifen ist zerstochen worden.

1 Habt ihr so etwas auch schon einmal erlebt? Erzählt und fasst es wie oben in einem kurzen Satz zusammen.

2 Überlegt, welche Verbformen ihr in den Sätzen verwendet habt. Schreibt einige dieser Verbformen auf.

ist gestohlen worden

...

Wann verwendet man diese Verbform? Habt ihr in euren Sätzen gesagt, wer etwas getan hat?

Mein Füller ist geklaut worden.

Die Decke im Gymnastikraum ist zerstört worden.

3 Formuliert alle genannten Beispiele in dieser Art:
„Unbekannte Täter haben ..."
Wie verändert sich die Verbform?

4 Vergleicht die Verbformen und sprecht über die Unterschiede. Stellt diese beiden Formen in einer Tabelle gegenüber:

Passiv	Aktiv
ist gestohlen worden	*haben gestohlen*

Wenn man nicht sagen will, wer etwas tut, wenn man also keinen Täter nennen will, kann man das **Passiv** verwenden. In diesem Kapitel lernt ihr etwas über den Gebrauch und die Bildung dieser Verbform.

5 Sprecht über den Text. Wie könnte die Geschichte in den nächsten Minuten weitergegangen sein? Denkt an die Abschlussfeiern an eurer Schule. Was ist bei euch geschehen? Bewertet die Aktionen. Was meint ihr: Ist der Begriff „Täter" angemessen?

6 Bei der Abschlussfeier in der Schule von Frau Lehmann kam dann einige Zeit später das noch dazu:
Nachdem der Hausmeister der Schule alles, was vorgefallen war, Frau Lehmann berichtet hatte, formulierte sie eine schriftliche Anzeige bei der Polizei. Hier ein Ausschnitt des Briefes:

Eine Abschlussfeier mit Folgen

Am Morgen des 13. Juli, es war ein Freitag, wollte die Schulleiterin Louise Lehmann pünktlich um 07:15 Uhr in ihre Schule gehen. Sie war festlich gekleidet, am späten Nachmittag sollten die Abschlussschüler ihrer Schule in einer fröhlichen Feier entlassen werden.

Ein Lächeln lag auf ihrem Gesicht, als sie in Gedanken noch einmal ihre kleine, aber feine Abschlussrede wiederholte und auf das Eingangsportal zuging.

Sie wurde jäh aus dieser freundlichen Stimmungslage gerissen, als ihr im Eingangsbereich lauter Technolärm aus einer mächtigen Stereoanlage entgegenschlug. Ihr aufsteigender Ärger wuchs rasch, als sie diese Anlage als die schuleigene erkannte und eine Gruppe von etwa 30 Abschlussschülern und -schülerinnen vor dem Schultor sah, die sangen, riefen und mit Farbtöpfen wild hin und her fuchtelten. Ihre Empörung steigerte sich noch, als sie bemerkte, dass die jungen Leute nicht unbedingt nüchtern waren.

Der Kunstlehrer Florian Schenk, der etwa 100 m vor ihr gerade in die Schule gehen wollte, wurde rücksichtslos mit Farbe verschönert. Er versuchte zwar noch zu lachen, doch angesichts der Ölfarbe auf seiner Jeansjacke sollte ihm das Lachen bald vergehen.

Frau Direktorin Louise Lehmann blieb stehen und dachte nach.

Wie sollte sie sich verhalten?

Hätte sie gewusst, dass das noch lange nicht alles war an diesem Vormittag …

… Wie ich bereits fernmündlich mitgeteilt habe, wurden am Abend des 12. Juli im Klassensaal F3 der Joachim-Schumann-Schule in Babenhausen zwei Fensterscheiben mit Pflastersteinen eingeworfen. Außerdem wurden drei Fensterscheiben im Lehrerzimmer eingeworfen und eine Glasprofilbohle im Treppenhaus zertreten.

Zum Sachverhalt teile ich Ihnen noch Folgendes mit, das für die Ermittlungen von Interesse sein könnte:

In der Nacht vom 12. Juli auf den 13. Juli haben alle Schülerinnen und Schüler der Abschlussklassen in der benachbarten Stadthalle gefeiert. Während der Veranstaltung hat der Schüler Otto Riedl den Vorfall in der Stadthalle in einer Mikrofondurchsage bekannt gegeben. Die Schüler Robert Mayerhofer aus dem 9. Jahrgang und Boris Keller aus dem 10. Jahrgang sollen für den Vorfall verantwortlich sein. Diese letzte Angabe ist jedoch völlig ungesichert. Sie wurde dem stellvertretenden Schulleiter, Herrn Direktor Sepp Huber, als Gerücht zugetragen. Weitere Angaben konnten zunächst nicht zusammengetragen werden.

Selbstverständlich stehe ich Ihnen jederzeit telefonisch für weitere Nachfragen zur Verfügung.

Mit freundlichen Grüßen

Louise Lehmann

Louise Lehmann
Schulleiterin

7 Lest euch die Anzeige der Direktorin noch einmal aufmerksam durch. Achtet darauf, wo Täter genannt werden und wo nicht.

8 Du kannst die Verbformen nun nach Aktiv und Passiv sortieren und in einer Tabelle aufschreiben. Überlege jeweils, warum das Passiv oder das Aktiv verwendet wird.

Passiv	Aktiv
wurden eingeworfen	haben gefeiert
...	...

! Das Passiv wird in unserer Sprache seltener verwendet als das Aktiv. Das **Passiv** bildest du mit einer Personalform von **werden** und dem **Partizip II**: Die Scheiben **wurden eingeworfen**.

Zwei Zeitungen – zwei Meldungen

Sinnlose Gewalt von Abschlussschülern

Babenhausen – Einen schönen Abschluss bereiteten die Schüler und Schülerinnen der Joachim-Schumann-Schule ihren Lehrern, die sie sechs Jahre lang unterrichtet hatten. Am Morgen empfingen etwa 30 randalierende und betrunkene Jugendliche der ehemaligen 10. Klasse ihre Lehrer vor dem Eingangsportal, um mit Dispersionsfarben deren Kleidung zu beschädigen, nachdem sie zuvor die Stereoanlage der Schule zerstört hatten.

Schon in der Nacht hatten die Schüler M. und K. mehrere Scheiben in Klassenräumen und dem Lehrerzimmer eingeworfen. Der Schaden beträgt 10.000 DM. Wer soll das bezahlen?

Beträchtlicher Schaden einer Schule des Kreises

Babenhausen – Am Abend des 12. Juli wurden im Klassensaal F3 der Joachim-Schumann-Schule in Babenhausen zwei Fensterscheiben und im Lehrerzimmer drei Fensterscheiben mit Pflastersteinen eingeworfen. Der Schaden wird auf etwa 10.000 DM geschätzt. Am Morgen des Entlassungstages wurden die Lehrer in übler Weise zum Unterricht empfangen, nachdem zuvor schon die Stereoanlage der Schule beschädigt worden war.

Die Schulleitung war gezwungen Anzeige bei der Polizei zu erstatten.

9 Welche unterschiedlichen sprachlichen Formen haben die beiden Zeitungen jeweils verwendet? Warum? Sprecht über die unterschiedliche Wirkung.

! Man verwendet das **Passiv** oft, wenn man die Handlung oder die betroffenen Objekte betonen will und nicht die Täter, die man bei der Verwendung des Passivs nicht nennen muss.

108

10 Das Passiv wird meistens im Präsens, im Perfekt oder im Präteritum verwendet. Tragt die Passivformen aus der Anzeige der Schulleiterin und aus den beiden Zeitungsmeldungen in eine Tabelle ein und ergänzt alle drei Zeiten.

Präsens	Perfekt	Präteritum
es wird zerstört	es ist zerstört worden	es wurde zerstört
...	...	...

11 Und so könnt ihr das Passiv weiter üben.

Wählt A oder B!

Für alle, die lieber in einem Rollenspiel gemeinsam das Passiv mündlich üben wollen

In der Klasse 8 b gibt es verschiedene Meinungen zum Fall. Da Robert Mayerhofers Schwester die Klasse besucht, waren er und sein Freund einverstanden, ihre Sicht der Dinge darzustellen. Auch Frau Lehmann und der Kunstlehrer waren dazu bereit.

● Überlegt in Gruppen, wie ihr das Gespräch spielen könntet.
● Denkt aus der Sicht der betroffenen Personen ...
● Entscheidet dabei immer, wann ihr sinnvoll das Aktiv oder das Passiv verwendet.
● Überlegt, ob ihr die Rollen vorher aufschreiben wollt.
So könnte der Schulsprecher beginnen: „Obwohl nur Gerüchte kursieren, sind die beiden Schüler beschuldigt worden ..."

Für alle, die lieber allein das Passiv schriftlich üben wollen

Schreibe eine Zeitungsmeldung über einen Vorfall oder mehrere Vorfälle an deiner Schule. Beschreibe, was sich ereignet hat, vermeide aber eine Angabe des Täters oder der Täter.
Verwende dabei vor allem das Passiv.

Der schreckliche Pfeilgiftfrosch

runzelige

des gelben Frosches   Die Haut ist mit Stoffen gefüllt.

todbringenden

gefährliche

eines einzigen Frosches   Das Gift kann Menschen töten.

gelbe   zehn

aus den Regenwäldern
Kolumbiens

Der Frosch ist das Tier.

giftigste   vielen   Seit Jahrhunderten

der ganzen Welt   dort lebenden   liefert er den
                                                       Indianern das
                                          tödliche   Pfeilgift.

3 Schreibt den Text mit Hilfe der Attribute neu auf. Was haltet ihr von dem schrecklichen Pfeilgiftfrosch?

1 Lest die Sätze oben aufmerksam durch und seht euch das Foto an. Wie passt das zusammen?

4 Welche Aufgabe haben die Attribute in dem Text über diesen besonderen Frosch?

2 Überlegt gemeinsam, wie ihr die Sätze über den Pfeilgiftfrosch formulieren könnt. Tragt eure Vorschläge laut in der Klasse vor und überprüft, ob alle Wörter verwendet wurden.

Auf den nächsten Seiten erfahrt ihr mehr über die wichtigsten Arten von Attributen, wie wichtig Attribute für Texte sind und natürlich erfahrt ihr mehr über die kleinen giftigen Frösche.

5 Zwei Schritte sind nötig um Attribute in einem Satz zu ermitteln: Der erste Schritt ist die Umstell-Probe, die ihr sicher noch kennt und mit der ihr die einzelnen Satzglieder ermittelt.

Stellt einmal diesen Satz, sooft es geht, um:

Das gefährliche Gift des Rückens eines einzigen Frosches kann zehn Menschen töten.

Zehn Menschen ...

Wie viele Satzglieder habt ihr gefunden? Überlegt, welche Wörter nicht beliebig umgestellt werden können und warum das so ist.

6 Der zweite Schritt ist die Weglass-Probe. Überlegt bei dem Beispielsatz, was ihr weglassen könnt. Schreibt den Satz in dieser Form auf:

Das (gefährliche) Gift (des Rückens ...) ...

! Attribute bestimmen ein Satzglied genauer. Man nennt sie deshalb auch „Satzgliedteile". Man kann aber auch Attribute durch weitere Attribute genauer bestimmen:

Das Gift **des Rückens des Frosches**

7 Ermittelt mit Hilfe der Umstell-Probe die Satzglieder und mit der Weglass-Probe die Attribute. Schreibt danach den Text ohne die Attribute auf:

Im Regenwald lebt der Pfeilgiftfrosch ohne Sorgen in Saus und Braus.

Schreibt danach die Attribute in eine Tabelle, in der ihr unterscheidet, ob das Attribut vor oder nach dem Bezugswort steht:

vorgestelltes Attribut	nachgestelltes Attribut
dichten	des tropischen Regenwaldes
...	...

! Die häufigste Form des vorgestellten Attributs ist das Adjektiv.

Leben in Saus und Braus
Im dichten Regenwald lebt der schreckliche Pfeilgift-frosch ohne Sorgen in Saus und Braus. In der wu-chernden Wildnis des tropischen Regenwaldes wimmelt es eigentlich von gierigen Feinden des klei-nen Kaltblüters. Doch der kleine Frosch mit seinem knallgelben Sig-nalkleid stolziert am helllichten Tag durch den belebten und ge-fährlichen Regenwald, während andere Genossen seiner Art unter vereinzelten Steinen und schweren Blättern bleiben, ehe sie sich im Schutz der Dunkelheit hervorwagen. Die furchtlosen Männchen stellen sich auf extra ausgewählte Erhebungen und quaken laut in der feuchten Luft des Regenwaldes.
Das unübersehbare Warnsignal ist seine auffällige Farbe, sie verrät sein tödliches Gift. Das wissen seine zahlreichen Fein-de und gehen der wandelnden Giftampulle aus dem Weg.

8 Kontrolliert eure Ergebnisse.

Tödliche Munition aus lebendigen Giftampullen

9 Diesen spannenden Text könnt ihr mit einem einfachen sprachlichen Experiment selbst zusammenstellen. Aber lest zuerst einmal die Sätze durch.

Der Pfeil zischt durch die feuchte Urwaldluft.	abfeuern
Er trifft mit Präzision und die Wirkung tritt sofort ein.	erschrecken, lähmen
Der Spinnenaffe windet sich in Krämpfen.	treffen
Vom Baum fällt das Tier.	nach Luft schnappen
Wenige Minuten später ist das Tier von seinen Leiden erlöst.	sterben
Das Gift am Blasrohrpfeil war sein Schicksal.	Tod bringen
Die Chicó-Indianer gewinnen es seit Jahrhunderten von den giftigen Fröschen.	im tropischen Regenwald leben
Denn der Frosch ist so giftig, dass die Indianer ihre Pfeile nur über den Rücken des Tieres streichen müssen, um eine tödliche Menge aufzunehmen.	gelb leuchten, jagen, zucken

Die Verben der rechten Seite müssen als vorgestellte Attribute in die Sätze eingebaut werden. Alle Verben werden leicht verändert: aus **abfeuern** wird **abgefeuert**, aus **erschrecken** wird **erschreckend**.

Schreibt den vollständigen Text auf:
Der abgefeuerte Pfeil zischt durch die feuchte Urwaldluft. Er trifft mit erschreckender Präzision ...

! Verbformen, die aus dem Infinitiv +d gebildet werden (leben – das lebende Tier), nennt man Partizip I. Verbformen, die mit der Vorsilbe ge- gebildet werden (treffen – der getroffene Spinnenaffe, jagen – der gejagte Frosch), nennt man Partizip II. Es gibt auch einige Verben, deren Partizip II nicht mit der Vorsilbe ge- gebildet wird (verbrennen – der verbrannte Pfeil).

11 Probiert aus, welche Attribute in eurem Text „Tödliche Munition aus lebenden Giftampullen" durch einen Attributsatz ersetzt werden können. Was passt besser in den Text, der Attributsatz oder das vorangestellte Attribut?

10 Vergleicht diese beiden Sätze. Sprecht über die Unterschiede.

Der **vom Pfeil getroffene** Spinnenaffe windet sich in Krämpfen.

Der Spinnenaffe, **der von dem Pfeil getroffen wurde**, windet sich in Krämpfen.

! Attribute können auch ganze Sätze sein. Die häufigste Form ist der Attributsatz. Er heißt auch Relativsatz. Das Relativpronomen (der, die, das, welcher, welche, welches) verweist auf das dazugehörige Substantiv/Nomen.

Der gelbe Killer

starb.

**Der Frosch
der dem**

Gift gab

**Indianer
der den**

tötete

**Spinnenaffen
der im** **Urwald lebte**

12 Wer findet heraus, wie dieser Satz lautet?
Erklärt die Beziehungen und schreibt den Satz ab.
Setzt alle Kommas. Wie viele Attributsätze/Relativsätze
habt ihr gefunden?

**13 Genaue Informationen
mit Hilfe von Attributen**

Wählt A oder B!

Du schreibst einen Text über ein Tier deiner Wahl und versuchst es mit Hilfe von Attributen genau und anschaulich zu beschreiben.

A1 Überlege, wo du Informationen zu einem Tier deiner Wahl findest: in einem Tierlexikon, deinem Biologiebuch oder auf einer CD-ROM.

A2 Zu welchen Punkten willst du etwas schreiben: Aussehen, Lebensweise, Ernährung, Pflege, Paarung, Rasse und Zucht, Besonderheiten?

A3 Achte beim Schreiben
● auf Adjektive:
ein **dichtes borstiges** *Fell*
mit **schwarzweißen** *Flecken,*
● auf Partizipien:
eine auf Mäuse **lauernde** *Katze*
● und auf Attributsätze/Relativsätze:
Eine Katze, **die sich kratzt und ins Fell beißt,** *hat meistens Flöhe.*

Du stellst den Text „Tödliche Munition aus lebendigen Giftampullen" zu einem vollständigen Text zusammen und überprüfst die Auswahl der Attribute.

B1 Suche alle Textstellen zum Pfeilgiftfrosch in diesem Kapitel und stelle sie zu einem Text zusammen.

B2 Überarbeite den Text, indem du überlegst, ob es besser klingt,
● wenn man Adjektive oder Partizipien in Attributsätze/Relativsätze verwandelt:
Der Pfeil, **den ein Indianer abgefeuert hat,** *zischt.*
● oder wenn man zusätzliche Attribute einfügt:
Der **getroffene** *Affe windet sich in* **schrecklichen** *Krämpfen.*

14 Vergleicht eure Ergebnisse.
Diskutiert über das Thema:
Wie wichtig sind Attribute?

Sind wir denn wirklich so?

Norddeutsche sind stur.

Motorradfahrer sind Abenteurer.

Mädchen haben eine schönere Handschrift.

Ausländer leben ganz anders.

Zeitungsleser wissen mehr als Fernsehzuschauer.

Deutschlehrer denken nur an Rechtschreibfehler. *Kolloss*

Autofahrer sind rücksichtslose Menschen.

Fußballfans sind gewalttätig.

1 Was denkt ihr über die einzelnen Behauptungen? Nehmt spontan Stellung dazu.

2 Behauptungen wie diese können einen schon auf die Palme bringen. Obwohl: Manchmal enthalten sie ja auch einen wahren Kern. Formuliert die Behauptungen so um, dass ihr sie in einem Gespräch vertreten könntet.

Norddeutsche sind	bestimmt (nicht) manchmal ziemlich möglicherweise (etwas) vielleicht (etwas) wahrscheinlich	stur,	aber ... denn ...

„Also, wenn alle Fußballfans gewalttätig wären, dann ..."

„Na ja, wenn alle Mädchen eine schönere Handschrift hätten, dann ..."

Deutschlehrer	wollen sollen mögen dürfen können müssen	(nicht) nur an Rechtschreibfehler denken,	aber ... denn ...

3 Vergleicht die alten Sätze mit euren geänderten. Was habt ihr geändert? Warum? Welche Wörter und Formulierungen habt ihr dabei verwendet?

Ihr habt gemerkt, man muss manchmal vorsichtig formulieren, wenn man als Gesprächspartnerin oder Gesprächspartner ernst genommen werden will. Vieles, was man sagen will, gilt nämlich nur eingeschränkt oder unter einer bestimmten Bedingung. Darum geht es in diesem Grammatik-Kapitel. Ihr beschäftigt euch dabei damit, was Mädchen über Jungen und was Jungen über Mädchen denken.

4 So ein Ärger ...

Die Zeitschrift JUMA wird auf der ganzen Welt von jungen Leuten, die Deutsch als Fremdsprache lernen, gelesen. Eine Leserumfrage zu diesem Thema brachte folgendes internationales Ergebnis:

... mit den Jungen.
Mädchen sagen, was sie über Jungen denken.

- „Jungen verstecken ihre Gefühle. Deswegen verhalten sie sich oft so unsensibel."
- „Jungen sind untreu und machomäßig. Viele haben mehrere Freundinnen gleichzeitig. Das ist gemein und sie geben auch noch damit an."
- „Jungen halten Mädchen für dümmer als sich selbst. Sie glauben, sie seien etwas Besseres."
- „Jungen machen immer schmutzige Witze."
- „Sobald andere Jungen dabei sind, verhält sich ein Junge ganz anders als sonst. Das verstehe ich nicht."
- „Jungen tun einfach alles um cool zu sein. Z. B. rauchen sie und trinken Alkohol. Sie sind so angeberisch. Das gefällt mir überhaupt nicht."

... mit den Mädchen.
Jungen sagen, was sie über Mädchen denken.

- „Mädchen lügen viel zu oft oder sie sagen nicht, was sie wirklich meinen."
- „Mädchen lästern über andere ohne es ihnen ins Gesicht zu sagen."
- „Mädchen regen sich ständig über Kleinigkeiten auf."
- „Mädchen gehen immer zu zweit aufs Klo, das geht mir auf die Nerven. Schaffen sie es alleine nicht?"
- „Mädchen sind manchmal zickig und schnappen schnell ein. Man muss bei ihnen immer aufpassen, dass man nichts Falsches sagt."
- „Mädchen sind immer unpünktlich. Das ärgert mich jedesmal furchtbar."
- „Mädchen flüstern bei jeder Gelegenheit und dann kichern sie. Da wird man als Junge immer nervös."

Lest euch die Meinungen durch und sprecht darüber. Welche findet ihr ärgerlich, welche könnt ihr verstehen?

5 Und was denken in eurer Klasse Mädchen und Jungen übereinander?

Mädchen:
Was denken die Jungen wohl über euch? Schreibt auf, was ihr vermutet.

Die Jungen denken über uns bestimmt, dass wir ...

Jungen:
Was denken die Mädchen wohl über euch? Schreibt auf, was ihr vermutet.

Ich glaube, die Mädchen halten uns für ...

Lest euch vor, was ihr notiert habt, und diskutiert darüber.

6 Mädchen und Jungen sind nicht gleich und man erwartet oft auch etwas Unterschiedliches von ihnen. Stellt in einer Übersicht zusammen, was Mädchen oder Jungen (nicht) tun müssen, sollen, können, dürfen, mögen, wollen.

Wählt A oder B!

Hier formuliert ihr eure eigene Meinung.

	muss	nicht immer den flotteren Spruch parat haben.
Ein Junge	soll	...
	kann	
Ein Mädchen	darf	
	mag	
	will	

Es gibt traditionelle Vorstellungen, wie Jungen und Mädchen sind. Man findet sie oft in der Werbung, in vielen Filmen und Popsongs. Hier formuliert ihr solche Vorstellungen.

	muss	sich die Fingernägel lackieren.
Ein Mädchen	soll	...
	kann	
Ein Junge	darf	
	mag	
	will	

7 Lest euch die Ergebnisse in der Klasse vor.

8 **Müssen, sollen, können, dürfen, mögen, wollen** – mit diesen Verben kann man genauer deutlich machen, wie eine Aussage gemeint ist. Versucht zu beschreiben, was die Verben bedeuten. Das ist nicht ganz einfach. Vielleicht helfen euch diese Wörter:

Erlaubnis   **Vorliebe**

Absicht

Notwendigkeit

Fähigkeit

Verpflichtung

Überprüft eure Bedeutungserklärungen, indem ihr die Verben in Beispielsätzen austauscht:

Ein Mädchen	muss	sich die Fingernägel lackieren.
	darf	
	...	

! Die Verben **müssen, sollen, können, dürfen, mögen** und **wollen** stehen meistens mit einem anderen Verb zusammen im Satz. Sie geben genauer an, wie ein Satz gemeint ist, wie der Sprecher zu seinem Inhalt steht. Diese Verben heißen **Modalverben**.

Was wäre, wenn …

So beginnt der Roman „Die Töchter Egalias" der norwegischen Autorin Gerd Brantenberg aus dem Jahre 1977.
Sie schildert eine Welt, in der die traditionellen Rollen und die Verhaltensweisen von Männern und Frauen vertauscht sind.

„Schließlich sind es noch immer die Männer, die die Kinder bekommen", sagte Direktorin Bram und blickte über den Rand der Egalsunder Zeitung zurechtweisend auf ihren Sohn. Es war ihr anzusehen, dass sie gleich die Befrauschung verlor. „Außerdem lese ich Zeitung." Verärgert setzte sie ihre Lektüre fort, bei der sie unterbrochen worden war. „Aber ich will Seefrau werden! Ich nehme die Kinder einfach mit", sagte Petronius erfinderisch.
„Und was glaubst du wohl, wird die Mutter des Kindes dazu sagen? Nein, mein Lieber. Es gibt gewisse Dinge im Leben, mit denen du dich abfinden musst. Selbst in einer egalitären Gesellschaft wie der unseren können es nicht alle Wibschen gleich haben. Es wäre zudem tödlich langweilig. Grau und trist."

9 Auch mit Verbformen wie **wäre, hätte, käme, würde sagen** kann man etwas über das Verhältnis einer Aussage zur Wirklichkeit sagen. Probiert es einmal aus:

Wenn die geschilderte Welt Wirklichkeit wäre, bekämen die Männer Kinder.
Wenn die geschilderte Welt Wirklichkeit wäre, wäre …
Wenn das so käme, …
Setzt die Aussagen fort.

Überlegt euch andere Situationen, die nicht der Wirklichkeit entsprechen. Sammelt Ideen und stellt sie in der Klasse vor. Schreibt dann einen kurzen Text. Ein Themenvorschlag: Was wäre, wenn euch Wesen von einem anderen Planeten begegneten?

Vielleicht habt ihr auch Lust kurze Stegreif-Szenen daraus zu machen und sie vorzuspielen?

! Verbformen wie **wäre, hätte, käme, ginge** sind Konjunktivformen. Oft werden Konjunktivformen auch mit **würde** gebildet: **würde kommen, würde gehen**. Sie stehen den Indikativformen (**ist, hat, kommt, geht**) gegenüber.

10 Ergänzt die Tabelle mit Verbformen aus euren Sätzen von Aufgabe 9:

Indikativ	Konjunktiv
er bittet	er bäte, auch: er würde bitten
…	

11 Manchmal …
Geht es dir auch so? Manchmal ist man in einer Indikativstimmung. Dann sieht man die Dinge, wie sie sind, und tut, was notwendig und richtig ist. Aber manchmal ist man auch in einer Konjunktivstimmung. Dann würde man eigentlich viel lieber … tja, was eigentlich? Schreibe doch deine persönlichen Manchmal-Sätze auf.

Manchmal stehe ich beim ersten Weckerklingeln auf und beginne den Tag, aber manchmal würde ich viel lieber …

Etwas genauer, bitte

Was?
Warum?
Wie?
Wem?
Wo?
Wer?
Wen?
Wann?
...

Einladung zum Software-flohmarkt

Wir veranstalten einen Floh-markt für Computerprogramme. Wir bieten allen eine einmalige Gelegenheit. Ihr könnt etwas verkaufen und kaufen. Alle sind eingeladen. Nachher wird eine Lehrerin etwas zeigen. Auch die Schulleitung hat diesem Flohmarkt zugestimmt.

1 Was haltet ihr von der Idee, einen Flohmarkt für Computer-programme in der Schule zu veranstalten?

2 Wie findet ihr den Handzettel?

3 Versucht einmal den abgedruckten Handzettel genauer zu schreiben. Diese Satzglieder können euch helfen. Achtet auf die Fragewörter.

Die Klasse 8 b – am Freitag in der 5. und 6. Stunde – wenn am Freitag der Vormittagsunterricht zu Ende ist – allen Computerfreaks – die ihre Softwaresammlung aufmöbeln wollen – Programm – eure alten Programme – andere unbekannte – herzlich – im Anschluss an den Flohmarkt – wenn der Geschäftsbetrieb nachlässt – unsere Informatik-lehrerin, Frau Fleckenstein – wegen der Einweihung des neuen 18-Zoll-Monitors – weil der neue 18-Zoll-Monitor bei dieser Gelegenheit eingeweiht werden soll

4 Vergleicht eure überarbeitete Fassung mit dem ursprünglichen Handzettel.

Ihr habt festgestellt, dass sich Satzglieder erfragen lassen. Man kann sie ersetzen oder ergänzen. Das geht nicht nur mit anderen und genaueren Wörtern, sondern auch mit Gliedsätzen. Diese Sprachoperation könnt ihr in den nachfolgenden Texten zu Com-puterprogrammen üben.

5 Entwerft eine dreispaltige Tabelle. Schreibt die eingesetzten Satzglieder untereinander in die erste Spalte und notiert daneben jeweils das entsprechende Fragepronomen.

Text	Fragepronomen	Satzglied
Die Klasse 8 b	Wer?	...
Am Freitag in der 5. und 6. Stunde	...	...

6 Versucht nun die Bezeichnungen der Satzglieder in die dritte Spalte einzutragen. Könnt ihr euch erinnern? Der Mustersatz hilft euch.

Am Freitag	verkaufen	Computerfreaks	in der Klasse 8 b	interessierten Usern	ihre getesteten Programme.
Wann?		Wer?	Wo?	Wem?	Wen?/Was?
Adverbial-/bestimmung Zeit	Prädikat	Subjekt	Adverbial-/bestimmung Ort	Objekt Dativ	Objekt Akkusativ

Ein Gespräch am Rande des Computerflohmarkts

„Ich verstehe das nicht!"
„Was verstehst du nicht?"
„Ich verstehe nicht, dass du mir die CD-ROM ‚Bundesliga' nicht verkauft hast."

„Du hättest in dem Moment aufpassen müssen!"
„Wann hätte ich aufpassen müssen?"
„Als ich meine Programme auf dem Tisch ausgestellt habe, hättest du aufpassen müssen."

„Einer hat ein gutes Geschäft gemacht!"
„Wer hat ein gutes Geschäft gemacht?"
„Derjenige, der deine CD-Rom gekauft hat, hat ein gutes Geschäft gemacht"

7 Lest das Gespräch in verteilten Rollen. Überlegt dann: Warum muss jedesmal nachgefragt werden?
Wie wurden die Sätze verändert, so dass man sie besser versteht?

! Teilsätze, die die Stelle eines Satzgliedes einnehmen, nennt man Gliedsätze. Sie heißen dann nach den Satzgliedstellen, die sie einnehmen, **Subjektsätze**, **Objektsätze** oder **Adverbialsätze**.

8 Übertragt diese Tabelle in euer Heft und ordnet die drei Gliedsätze von oben richtig zu.

Fragepronomen	Bezeichnung	Satzglied		Bezeichnung	Gliedsatz
Was?	Objekt	das	⟷	Objektsatz	„... dass du mir die CD-ROM ‚Bundesliga' nicht verkauft hast."
...	Adverbial-bestimmung	...	⟷	...	...
...	Subjekt	...	⟷	...	...

119

Werbetexte für Programme

9 Bearbeitet einen der beiden Werbe-
texte vom Softwareflohmarkt.
Zwei Beispiele für Edutainment-Software
(spielerische Software) gibt es gratis dazu.

Wählt A oder B!

In einem Werbetext für ein Musiklernprogramm ersetzt ihr die Satzglieder, die aus Wortgruppen bestehen, durch vorgegebene Gliedsätze.

A1 Lest das Verkaufs-
angebot für die CD-ROM
aufmerksam durch.

Mozarts Oper „Die Zauberflöte"

Beim Start dieses Programms wirst du eine
völlig neue Einstellung zur Musik und zur Oper entwickeln.
Diese Präsentation ist einzigartig in Deutschland. **Zum Hören der Musik** klickst du mit der Maus auf das Orchester. Das
Bühnenbild kannst du **durch Anklicken der Scheinwerfer**
wechseln. Du findest aber **wegen des veränderten Maussym-
bols** ganz leicht alle anderen Funktionen und Möglichkeiten
selbst. Und das ist der Knüller: **Deinen Gesang** kannst du **mit
eigenem Mikrofon** aufnehmen und zusammen mit der Musik
abspielen.

A2 Ersetzt die hervorgehobenen Text-
teile durch die nachfolgenden Gliedsätze.

Wenn du dieses interaktive Programm **auf deinem
Computer startest**, …
Dass eine Oper in dieser Form präsentiert wird, …
Wenn du die Musik hören willst, …
… , indem du einen der zahlreichen Scheinwerfer
anklickst.
… , weil das veränderte Maussymbol jeweils
neu zu machende Entdeckungen ankündigt.
Was du singst, …
… , wenn du ein eigenes Mikrofon hast.

In einem Werbetext für ein Lexikon über Tiere dieser Welt ersetzt ihr alle Gliedsätze durch Satzglieder, die aus Wortgruppen bestehen.

B1 Lest diese Beschreibung aufmerksam durch.

Das multimediale Lexikon der Tiere

Dieses Programm erfüllt dir, **was du dir
schon immer gewünscht hast**. Am besten,
du beginnst, **wo die Weltkarte abgebildet
ist**. Du lernst alle Tiere einer Vegetations-
zone kennen, **indem du einen bestimmten
Teil der Erde anklickst**. Nun kannst du in
Wort, Schrift und Bild in Erfahrung bringen, **was du schon immer über ein ganz
bestimmtes Tier wissen wolltest**. Auf einem Panoramabild erscheinen alle Tiere
dieser Region da, **wo sie sich in der Natur
bewegen. Dass man die Tiere nun direkt
anklicken kann**, erleichtert die Sache unge-
mein. **Wenn man das Tier mit dem Maussymbol berührt**, erscheint der Name, **wenn
man doppelt klickt**, erscheint eine Lexikon-
seite mit einer Farbfotografie. **Weil man
diese Seite ausdrucken kann**, ist ein selbst
gestaltetes Tierlexikon kein Problem mehr.
Übrigens gibt es zu fast allen Tieren einen
realistischen Videofilm mit Originalton.

A3 Schreibt den veränderten
Text auf und achtet auf die
Kommas. Gliedsätze werden
durch Komma abgetrennt.

B2 Ersetzt die fett gedruckten Gliedsätze durch die nachfolgenden Satzglieder oder versucht es mit eigenen „Kreationen".

- deine Wünsche bei der Weltkarte
- beim Anklicken bestimmter Teile der Erde
- das Wissen über ganz bestimmte Tiere
- in ihrer natürlichen Umgebung
- Das direkte Anklicken der Tiere
- Beim Berühren der Tiere
- mit dem Maussymbol beim Doppelklick
- Wegen der Ausdrucksmöglichkeit

B3 Schreibt den veränderten Text auf. Was geschieht mit den Kommas?

10 Vergleicht eure Ergebnisse in der Klasse. Würdet ihr eher Satzglieder, die aus Wortgruppen bestehen, oder ganze Gliedsätze verwenden?

11 In diesem Text zu einem Computerprogramm für Vokabeltraining fehlen Adverbialbestimmungen oder Adverbialsätze. Wählt aus der Tabelle aus, entscheidet euch für eine Formulierung und schreibt den vollständigen Text auf. Welche Formulierungen klingen besser?
Vergesst nicht: Gliedsätze/Adverbialsätze werden durch Kommas abgetrennt.

Englisches Wortschatzspiel und Vokabeltraining
Mit tollen Wortschatzspielen wird das Lernen und Üben englischer Vokabeln zu einem Kinderspiel für jedermann. Kaum zu glauben, aber wahr!
● ● ● lernst du die richtige Schreibweise von über 4400 englischen Wörtern kennen. Das Programm ist für alle Lernenden geeignet, ● ● ●
Du startest das Programm, ● ● ●
● ● ●, kannst du zwischen fünf Spielbereichen auswählen.
Buchstabenpuzzle: Wirf-den-Hut, Wort-Stapel-Spiel, Wörter-Schlemmer und Kreuzworträtsel werden dich begeistern.
Du kannst dir dein Zeugnis ausdrucken lassen und sogar eigene Wörter eingeben und die Aussprache der Wörter anpassen.
● ● ● gibt es neue Spiel- und Übungsmöglichkeiten.

Ort Wo?		Zeit Wann?		Art und Weise Wie?		Grund Warum?	
Adverbialbestimmung	Adverbialsatz	Adverbialbestimmung	Adverbialsatz	Adverbialbestimmung	Adverbialsatz	Adverbialbestimmung	Adverbialsatz
an jeder Stelle des Programms	wo immer du dich im Programm befindest	beim Spiel	während du spielst	mit der Eingabe des Wortes „word"	indem du das Wort „word" eingibst	wegen verschiedener Schwierigkeitsstufen	weil du zwischen verschiedenen Schwierigkeitsstufen wählen kannst
		beim Auftritt des kleinen rundlichen Wesens	immer wenn das kleine rundliche Wesen auftritt				

game over

Schule kaputt?

**Lehrer klagen:
Vandalismus an der Schule nimmt zu**

Immer mehr Schulgebäude beschädigt

Das passiert an vielen Schulen: Immer wieder geht etwas kaputt, mal unabsichtlich, mal absichtlich.
Wird jemand erwischt und zur Rede gestellt, hört man manchmal unmögliche Erklärungen oder besser gesagt Ausreden.
Das kennt ihr auch: Nach einer Unterrichtsstunde sind die Tische bekritzelt.

Das war Kai.

Ich sitze da gar nicht!

**Kai hat behauptet,
er sitze da nicht,
aber ich habe gesehen ...**

**Dauereinsatz
von Putzkolonnen
verschlingt
Millionen**

1 Sicherlich ist in eurer Klasse auch schon einmal etwas zerstört worden. Berichtet davon.
Schreibt anschließend zu jedem Vorfall so einen kurzen Wortwechsel wie über die Tischkritzelei an die Tafel.

2 Vergleicht immer die beiden letzten Aussagen zu einem Vorfall miteinander. Was hat sich verändert?

In diesem Kapitel geht es um die indirekte Rede. Man nennt sie auch „berichtete Rede", weil berichtet wird, was ein Dritter gesagt hat. Man braucht sie im täglichen Umgang miteinander und vor allem in Nachrichten und Inhaltsangaben.

3 Sammelt möglichst viele Aussagen, in denen wiedergegeben wird, was in euren Vorfällen der oder die Beschuldigte gesagt hat.

Kai sagt, …

4 Welche Aussageformen habt ihr benutzt? Vergleicht sie mit den Beispielen.

Kai sagt, er tut so etwas nicht.
Kai sagt, er tue so etwas nicht.
Kai sagt, dass er so etwas nicht tue.
Kai sagt, er täte so etwas nicht.
Kai sagt, er würde so etwas nicht tun.
Kai sagt, dass er so etwas nicht tun würde.

5 Die Aussage der Sätze ist immer gleich. Untersucht die Unterschiede der Formen.

! Die **indirekte Rede** benutzt man, wenn man deutlich machen will, dass man etwas nicht selbst behauptet, sondern wenn man wiedergeben will, was ein anderer gesagt hat.
Die Verben in der indirekten Rede stehen manchmal im **Konjunktiv** (sei, habe, könne …). Häufig stehen sie aber auch im **Indikativ** (ist, hat, kann …) oder die Formen werden mit **würde** (würde sein, würde haben, würde können …) gebildet.

6 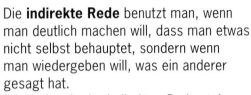 **Die Indirekte-Rede-Kette**
Ihr findet bestimmt auch in eurem Klassenraum Beispiele für Zerstörungen. Formuliert in eurer Gruppe eine Antwort, die ein Beschuldigter verwenden könnte.

Der oder die Nächste gibt diese Aussage in der indirekten Rede wieder und fügt einen weiteren Hinweis hinzu usw. Welche Gruppe kann die längste Kette bilden?
Tipp: Notiert euch die Sätze.

Kai:
Ich war das nicht, mein roter Stift ist schon lange weg.

Marion zu Ralf:
Kai behauptet, sein roter Stift sei weg, aber ich habe in seiner Mappe einen gesehen.

Ralf zu Muna:
Marion sagt, sie hätte einen roten Stift in seiner Mappe gesehen, doch vielleicht …

Muna zu …:
…

Achtung! In der indirekten Rede ändern sich die Pronomen.
Ich wird zu **er**, **sie** oder **es**; **wir** wird zu **sie**, **mein** wird zu **sein** …

Was sagt ihr dazu?

Sicher gibt es auch in eurer Klasse Probleme, die besprochen werden müssen. Vielleicht ist euch in eurer Schule etwas aufgefallen, das zu Sprache gebracht werden muss. Auch bei solchen Gelegenheiten verwendet man die indirekte Rede. So könnt ihr üben.

7 Bittet eure Klassenlehrerin oder euren Klassenlehrer, euch eine Stunde zur Verfügung zu stellen, in der ihr über Probleme diskutieren könnt. Wählt zuerst eine Diskussionsleiterin oder einen Diskussionsleiter. Teilt der Diskussionsleitung die Themen mit, die ihr besprechen wollt. Wenn ihr eine Rednerliste führt, wird niemand vergessen, der etwas zum Thema sagen will.
Stellt eine Tagesordnung zusammen. Diese sollte vor dem Gespräch in der Klasse ausgehängt werden.
Wählt eine Gruppe aus, die sich während der Diskussion Notizen macht.

8 Führt zum festgelegten Termin die Diskussion durch. Nach und nach werden die einzelnen Punkte der Tagesordnung besprochen. Die Leitung berichtet zuerst immer, was ihr zum Thema mitgeteilt wurde.

Leiterin:
Also, Petra ist aufgefallen, dass die Tische in unserer Klasse mittlerweile schrecklich aussehen.

Die Gruppe, die sich Notizen machen soll, schreibt während der ganzen Diskussion Stichwörter auf.

9 Die Gruppe, die sich Notizen gemacht hat, formuliert möglichst viele Äußerungen aus der Sitzung in indirekter Rede und schreibt sie an die Tafel. Die anderen überlegen: Wo wurde der **Konjunktiv**, wo der **Indikativ** und wo die Formulierung mit **würde** verwendet?

10 Versucht jetzt mit eurer Partnerin oder eurem Partner den Ablauf der Diskussion aufzuschreiben. Dabei geht es nicht darum, wörtlich aufzuschreiben, was jemand gesagt hat. Es muss zusammengefasst werden und nur die wichtigen Äußerungen sollten notiert werden. So könnt ihr beginnen:

In der Diskussionsrunde der Klasse 8 am ... in der ... Stunde wurde als erstes das Säubern der bekritzelten Tische in unserer Klasse besprochen. Zuerst berichtete die Leiterin, Natalie, dass einige Mädchen beklagt haben, ...

11 Tauscht die Texte mit einer Partnergruppe aus.
Seid ihr mit dem Text der anderen Partnergruppe einverstanden? Wo kann man etwas weglassen oder hinzufügen? Wo würdet ihr die Wiedergabe in der indirekten Rede umformulieren? Achtet auch auf die Rechtschreibung und die richtige Zeichensetzung, vor allen Dingen auf das Komma nach der Redeeinleitung.
Erstellt dann in Zusammenarbeit mit eurer Partnergruppe ein gemeinsames Protokoll, das im Klassenzimmer ausgehängt werden kann.

Was sagen Sie dazu?

Viele ärgern sich darüber, wenn etwas zerstört wird. Ein erster Schritt ist, darüber in der Klassenkonferenz zu reden. Wenn man viele Meinungen zu dem Thema einholt und es öffentlich macht, findet man vielleicht am ehesten Unterstützung um das Problem zu lösen.

Wählt A oder B!

Für diejenigen, die in der Schule eine Meinungsumfrage zum Thema „Schule kaputt?" durchführen wollen

 A1 Formuliert Fragen, die ihr den Mitschülerinnen und Mitschülern stellen wollt.

Was sagt ihr dazu, dass …
Ist euch auch aufgefallen, dass …
Wenn ja, wie könnte man …

Schreibt die Fragen so auf einen Notizzettel, dass ihr die Antworten leicht mitschreiben könnt.

A2 Führt jetzt die Befragung durch und wertet sie anschließend in der Gruppe aus.

**Für diejenigen, die außerhalb der Schule eine Meinungsumfrage zu dem Thema „Schule kaputt?" bei den Elternvertretern, dem Schulträger, dem Bürgermeister, … durchführen wollen.
Tipp: Vorher anrufen!**

B1 Formuliert Fragen, die ihr den Befragten stellen wollt.

Was sagen Sie dazu, dass …
Kennen Sie das Problem …
Was gedenken Sie …

Schreibt die Fragen so auf einen Notizzettel, dass ihr die Antworten leicht protokollieren könnt.

B2 Bestimmt jemanden, der zuerst euer Anliegen vorträgt. Probt anschließend die Befragung in einem kurzen Rollenspiel.

B3 Führt jetzt die Befragung durch und wertet sie anschließend in der Gruppe aus.

12 Tragt die Ergebnisse eurer Befragungen in der Klasse vor. Verwendet dabei die verschiedenen Möglichkeiten der indirekten Rede.

Diskutiert anschließend über die verschiedenen Meinungen und überlegt, wie ihr weiter vorgehen wollt um euer Problem zu lösen.
- Ergebnisse der Meinungsumfrage in der nächsten SMV- oder SV-Sitzung vortragen,
- einen Artikel für die Schülerzeitung schreiben,
- …

Wenn ihr die Möglichkeit habt, schreibt den Artikel mit Hilfe des Computers und speichert ihn auf einer Diskette. So hat es die Redaktion der Schülerzeitung einfacher. Kontrolliert noch einmal die Rechtschreibung und Zeichensetzung, bevor ihr die Diskette weitergebt.

Spruchreife Rechtschreibung

Hoch le●e die Arbeit,
so hoch, dass man nicht
drankommt.

Pubertät ist, wenn die
Eltern anfangen
schw●rig zu werden.

Der einzige Weg einen Freun● zu besitzen ist,
selber einer zu sein.

Lernen ist wie Rudern gegen den ●trom.
Sobald man aufhört, trei●t man zurück.

Der Klügere gibt so lange nach,
bis er der ●umme ist.

Wer alles langweili● findet,
ist selber langweili●.

Je leerer der Kopf,
desto geschw●tziger
die Zunge.

Besser eine kurze
●ntscheidung als eine
lange ●nttäuschung.

Wer barfu● geht,
dem kann man nichts
in die Schuhe schieben.

1 In den Sprüchen fehlen an der Stelle der dicken Punkte ein oder zwei Buchstaben. Versucht alle Wörter trotzdem zu lesen. Was bedeuten die Sprüche? Sprecht darüber.

2 Bei manchen Wörtern hilft das Mitsprechen allein nicht, um die richtige Schreibweise der fehlenden Buchstaben herauszufinden.
Wie helft ihr euch dann weiter? An welcher Stelle könnt ihr ableiten, wo helfen die Proben zur Großschreibung?

3 Welche Buchstaben habt ihr in die Sprüche eingesetzt? Begründet jeden einzelnen Buchstaben.

In diesem Kapitel könnt ihr die wichtigsten Prüfmethoden zur Rechtschreibung an sinnigen und unsinnigen Sprüchen, Versen und Rätseln wiederholen.

Wisst ihr noch?

Prüfmethode: Mitsprechen ge ben

Prüfmethode: t-Signal

sie grä**b**t
sie grä**b**t   gehört zu   gra ben
also „grä**b**t" mit **ä** und **b**

Prüfmethode: Ableiten
Ra**d**   gehört zu   Rä **d**er
also „Ra**d**" mit **d**

Prüfmethode für die Großschreibung
Kann ich es anfassen? 👆 Rad

Kann ich es haben? ☺ Ich habe Freiheit

Finde ich einen Artikel oder Begleiter? das Gute

Gibt es einen Endbaustein, der mir zeigt, dass das Wort ein Substantiv/Nomen ist? Umgebung | ung

4 Was haltet ihr von diesen Sprüchen? Diktiert euch die folgenden, übrigens nicht ganz ernst gemeinten Sätze gegenseitig. Prüft schwierige Wörter mit den Prüfmethoden.

Wusstest du schon, dass ...

... alles Gute nicht nur von oben, sondern auch von unten kommen kann oder von rechts, was aber seltener ist?

... der Spruch „Sich regen bringt Segen" erstunken und erlogen ist? Es handelt sich hierbei um eine Verfälschung der Weisheit „Regen bringt den Feldern Segen".

... auch Lügen sehr lange Beine haben können? Die Lüge mit den längsten Beinen misst vom Lügenknie bis Lügenknöchel ungelogen einen Meter.

... Geld nicht stinkt, aber trotzdem ungenießbar ist und aus unerklärlichen Gründen nicht schmeckt?

Vergleicht jetzt euren Text mit der Vorlage im Sprachbuch. Stellt fest, bei welchem Fehlerschwerpunkt ihr die meisten Fehler gemacht habt. Notiert in der passenden Tabellenspalte im Heft eure berichtigten Fehlerwörter:
- Fehlerschwerpunkt „Klein- und Großschreibung"
- Fehlerschwerpunkt „Falscher Buchstabe"
- Andere Fehler

... der Spruch „Was Hänschen nicht lernt, lernt Hans nimmermehr" lächerlich und gewiss durch nichts zu beweisen ist. Wie neue Forschungen ergaben, hat ihn ein Fritz erfunden, dessen Bruder Hans tatsächlich Lernschwierigkeiten hatte. Von der gleichen Person wurde auch der Ausspruch erfunden „Was Fritzchen nicht lernt, lernt Fritz immer noch". Diese Behauptung geriet in Vergessenheit.

Das Richtige üben

5 An den Fehlerschwerpunkten „Klein- und Großschreibung" und „Falscher Buchstabe" könnt ihr hier weiterarbeiten. Wählt A oder B, je nachdem, wo ihr euren Fehlerschwerpunkt festgestellt habt.

Übungen zur Großschreibung

 A1 Das sind alle Wörter, die in den Sprüchen oben großgeschrieben werden müssen. Ausgenommen sind die Satzanfänge.

Gute   Spruch   Segen   Verfälschung   Weisheit   Regen   Feldern   Segen   Lügen   Beine   Lüge   Beinen   Lügenknie   Lügenknöchel   Meter   Geld   Gründen   Spruch   Forschungen   Bruder   Lernschwierigkeiten   Person   Ausspruch   Behauptung   Vergessenheit

Schreibt alle Wörter mit Artikel (der, die, das, den ..., ein, eine ...) untereinander ab. Woran erkennt ihr, dass diese Wörter großgeschrieben werden müssen? Erklärt euch das gegenseitig mit den Prüfmethoden, die ihr kennt.

oder B!

A2

Morgenstund' hat Gold im Mund.
Wer anderen eine Grube gräbt, fällt selbst hinein.
Aller Anfang ist schwer.
Bei großem Glück ist große Gefahr.
Auf einen trüben Morgen folgt ein heiterer Tag.
Ohne Fleiß kein Preis.
Je enger der Käfig, desto schöner die Freiheit.

Jeder sucht sich hier drei Sprichwörter aus und schreibt sie seiner Partnerin oder seinem Partner auf, aber ohne Wortzwischenräume und ohne die Vokale a, e, i, o, u. Z. B.:

mrgnstndhtgldmmnd

Der Partner muss das Sprichwort erraten und in der richtigen Schreibweise aufschreiben. Dabei achtet ihr auf die richtige Groß- und Kleinschreibung. Denkt an die Prüfmethoden zur Großschreibung.

Kniffliger: Wenn ihr Lust habt, könnt ihr dem Partner auch selbst ausgedachte Sprichwörter verschlüsselt aufschreiben.

A3 Zahlen schreibt man normalerweise klein. Zahlwörter müssen manchmal auch großgeschrieben werden.
Das erkennt man an Signalwörtern wie: der, die, das, ein, eine. Schreibt die Beispiele hier heraus.

Wenn zwei sich streiten, freut sich der Dritte.
Lieber eine Fünf im Zeugnis als gar keine persönliche Note.

A4 Wer löst als Erster alle Rätselfragen?
Lasst euch die Rätselfragen diktieren, von einem Partner oder mit Hilfe eines Kassettenrekorders.
Achtung: Manche Zahlwörter werden großgeschrieben, Signalwörter beachten.

- Sie überholte den Letzten, den Zweiten, dann den Ersten. Wie viele rannten insgesamt mit?
- Was macht dreimal sieben?
- Sagt man, siebenmal dreizehn sind 81 oder ist 81?
- Bei welchem alten und bekannten Spiel kommt man nur heraus, wenn man eine Sechs würfelt?
- Sie setzte alles auf die Zwei. Sie gewann ein Vermögen. Welches Spiel hat sie gespielt?
- Jim fürchtete sich nicht vor der wilden Dreizehn. Wie heißt sein Nachname?

ärgere dich nicht, es ist 91, feinen Sand, vier,
Knopf, Roulette, Mensch

Übungen zu Buchstaben, die man leicht verwechselt

B1 Das sind Wörter, die in dem Diktat der Aufgabe 4 schwierig zu schreiben sind, weil sie Buchstaben enthalten, bei denen man auch durch Mitsprechen nicht weiter kommt.

wusstest   bringt
Verfälschung   Weisheit
kann   längsten   misst
Lügenknie   Geld   stinkt
ungenießbar   unerklärlichen
lächerlich   tatsächlich
Lernschwierigkeiten
Behauptung

Listet die Wörter untereinander auf. Lasst dazwischen immer zwei Leerzeilen.

- Bei welchen Wörtern hilft es, das Wort zu verlängern oder abzuleiten, um die Buchstaben eindeutig hörbar zu machen? Zeichnet die entsprechenden Pfeile.

wusstest ← ss – wir wissen

Verfälschung ← a – falsch

längsten ← ä und g – lang, Länge

- Bei welchem der drei Wörter mit i-Laut steht der i-Laut am Silbenende oder kann ans Silbenende gebracht werden und wird deshalb ie geschrieben?

- Wie begründet ihr in den Wörtern mit s-Laut die Schreibweisen des s-Lautes?

B 2 Welches unbestimmte Mengenwort
steckt hinter diesem Rätsel?

Wer es wagt, hat keinen Mut,
Wem es fehlt, dem geht es gut.
Wer es besitzt, ist bettelarm.
Wem es gelingt, der ist voll Harm.
Wer es gibt, ist hart wie Stein.
Wer es liebt, der bleibt allein.

Harm der: altes Wort für
Kummer, Qual, Leid

Habt ihr es herausgefunden oder findet
ihr es unter diesen Wörtern?
viel, kein, alles, nichts

Formt aus dem Rätsel die Verben mit
t-Signal so um, dass ihr die Buchstaben
vor dem t eindeutig hörbar machen könnt.
Zeichnet den Ableitungspfeil.

B 3 Sprecht die Wörter in Silben gegliedert deutlich aus:
weiser Mann und weißer Schnee.
Könnt ihr am Silbenanfang den Unterschied hören?
Falls ja, arbeitet bei dieser Aufgabe weiter, falls nein,
arbeitet weiter bei Aufgabe B 4.

Wie man die Wörter wei se, Rei se, lei se usw. schreibt,
könnt ihr genau am Silbenanfang hören. Könnt ihr die
unterschiedliche Schreibweise bei „Fleiß" und „Kreis" heraus-
hören?
Wie könnt ihr den s-Laut an den Silbenanfang bringen
um herauszuhören, ob die Wörter mit s oder ß geschrieben
werden? Zeichnet Ableitungspfeile.

Erratet die Rätselwörter, listet sie richtig auf.
Zeichnet Ableitungspfeile daneben.
Vielleicht habt ihr danach Lust euch weitere Rätsel
mit s-Lauten auszudenken.

Sie mag Schlie●fächer, aber keinen Bahnhof.
Sie mag es, wenn man ihr ein Lo● schenkt,
aber keine Plastikrosen.
Sie mag Ma●bänder, aber keinen Zollstock.
Sie mag ein Quadrat, aber keinen Krei●.
Sie mag Spa●, aber keine Witze.
Sie mag Sportler, die gro● sind, aber kein
Basketballspiel.
Sie mag Strümpfe, aber keinen Fu●geruch.
Sie mag Knödel, aber keinen Klo●.
Sie mag es, wenn man sie grü●t, aber keine
Verbeugung.
Sie mag gra●grüne Augen, aber keine gefärbten
Kontaktlinsen.
Sie mag schlie●lich lieber s-Laute als die Klein- und
Großschreibung.

B 4 Ohne scharf überlegen zu
müssen: Diese Wörter schreibt
man immer mit ß am Silbenanfang.
spa-ßig ...

-ßen
-ße -ßig
-ßel -ßern -ßer(dem)

spa● rei● gie● sto● bü● au● sie a● bei●
flie● So● Fü● au● fra● schmei● schie●
gro● Grü● drau● sa● schwei● schlie● Klö●
sü● Sträu● verga● hei● verdrie● Flö●
sich äu● Stra● Mei● genie● in Ma● hei●
lie● Spä● flei● stie● gleichmä● drei● hie●
gefrä● Spie●

6 Zeiträtsel für alle
Dikitiert euch abwechselnd die Fragen mit ihren Lösungen. Denkt euch weitere Rätsel mit Zeitangaben selber aus. Wenn ihr unsicher seid, wie die Zeitangaben geschrieben werden, dann schlagt im Wörterbuch nach.

Wer kann fünf aufeinanderfolgende Wochentage nennen, in denen kein „a" vorkommt?

vorgestern
gestern
heute
morgen
übermorgen

Welcher Abend fängt schon am Morgen an?

der Sonnabend

Nicht gestern, nicht morgen, auch nicht vormittags, nicht nachmittags. Wann treffen wir uns?

heute Mittag

Mein Übungsplan in Rechtschreiben

7 Wie übst du selbstständig weiter um deine Rechtschreibung zu verbessern?
Auf dieser Seite findest du Hinweise, wie du das Üben organisieren kannst. Einige Hinweise treffen vielleicht auf dich nicht zu, andere passen hoffentlich genau zu dir. Wähle nur die Hinweise aus, die auf dich persönlich zutreffen. Schreibe diese auf ein großes Blatt Papier, dann hast du deinen eigenen Übungsplan. Wie lange soll dieser Plan gelten?

Vor dem Schreiben

Ich schreibe undeutlich und unsauber, deshalb sehen manche Buchstaben fehlerhaft aus.
Also: Sich vornehmen gleichmäßig auf den Linien zu schreiben, Buchstaben nicht hüpfen zu lassen.

Ich lasse mich beim Schreiben zu sehr ablenken.
Also: Für eine ruhige Schreibumgebung sorgen.

Ich suche während des Schreibens oft nach Radiergummi, Lineal oder Tintenkiller. Oder meine Patrone ist gerade leer, der Bleistift stumpf.
Also: Schreib- und Korrekturmittel sorgfältig vorbereiten.

Ich übe hin und wieder, dann aber für eine längere Zeit. Dabei ermüde ich.
Also: Lieber regelmäßig für eine kurze Zeit üben, das bringt mehr.

Beim Schreiben

Ich möchte in meinem persönlichen Tempo arbeiten, deshalb will ich Texte abschreiben.
Also: Kurzen Teil eines Satzes einprägen, auswendig aufschreiben, beim Schreiben in Silben mitsprechen.

Ich möchte mir Texte von einem Partner oder einer Freundin oder ... diktieren lassen.
Also: Kurze Satzteile diktieren lassen. Beim Schreiben selbst Silbe für Silbe mitsprechen. Den Partner um deutliche und langsame Aussprache bitten.

Ich kann nicht lange ruhig sitzen und will meine Merkfähigkeit trainieren. Deshalb möchte ich mit Laufdiktaten üben.
Also: Text auf die Fensterbank legen, Wörter oder kurze Satzteile einprägen, am Platz aufschreiben und dabei Silbe für Silbe mitsprechen.

Ich möchte mich beim Schreiben ganz zurückziehen und Diktattexte vom Kassettenrekorder schreiben.
Also: Kurze Teile des Textes auf Band sprechen, auf eine deutliche Aussprache achten, längere Sprechpausen machen, abhören, schreiben, dabei leise Silbe für Silbe mitsprechen.

Nach dem Schreiben

Den geschriebenen Text Wort für Wort in aller Ruhe mit den gelernten Prüfmethoden kontrollieren.
Wenn ich alle Wörter kontrolliert habe, vergleiche ich meinen Text mit der Textvorlage.
Wenn ich mit den Prüfmethoden nicht weiterkomme und noch unsicher bin, schlage ich im Wörterbuch nach. Erst dann schaue ich in der Textvorlage nach.

Korrigieren

Fehlerwörter will ich korrigiert auf einzelne Karteikarten schreiben und in einer Rechtschreibkartei sammeln. Dabei markiere ich die Rechtschreibbesonderheit und schreibe Prüfzeichen und Ableitungspfeile dazu.
So kann ich später testen, ob ich diese Wörter nun sicher schreiben kann. Wörter, die ich sicher schreiben konnte, wandern nach hinten in den Kasten, Wörter, die erneut fehlerhaft geschrieben wurden, kommen nach vorne. Ich übe sie später noch einmal.

Fehlerwörter will ich in einem Merkheft untereinander korrigiert auflisten. Dabei markiere ich die Rechtschreibbesonderheit deutlich.
Die Prüfzeichen und Ableitungspfeile schreibe ich rechts daneben.
Nach einiger Zeit schreibe ich die Wörter noch einmal. Wörter, die ich sicher schreiben konnte, erhalten ein Pluszeichen, erneut fehlerhaft geschriebene Wörter bekommen ein Minuszeichen. Um sie muss ich mich demnächst noch einmal kümmern.

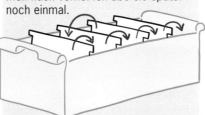

Wald ←d+ä→ Wäl der

8 Material zum Üben findet ihr überall. Jeden Text, den ihr aus einem Rätsel- oder Witzebuch, eurem Lieblingsbuch, einer Zeitung, einem Sachbuch ... heraussucht, könnt ihr für Selbst- und Partnerdiktate verwenden.

„Fantastische" Großschreibung

1 Wer kennt diese Filme? Welche Bedeutung hat der Gegensatz von Klein und Groß? Kennt ihr noch weitere solcher Filme?

2 Ihr wisst, dass die meisten Wörter der deutschen Sprache kleingeschrieben werden. Mit welchen Regeln begründet ihr den Gebrauch von Großbuchstaben, wenn ihr die Kurztexte der Filme in der richtigen Schreibweise aufschreibt? Verteilt das Schreiben auf Gruppen, jeder Filmtext soll korrigiert werden.

3 Kontrolliert alle Wörter, die ihr großgeschrieben habt, mit den Prüfmethoden für die Großschreibung: Anfass-, Haben-, Begleiter- oder Baustein-Probe. Besprecht eure Ergebnisse in der Klasse.

Nachderlilliputgeschichteausjonathanswiftsromangullivers
reisenstelltdieseverfilmungausdemjahre1976einekombinationa
usrealemfilmundzeichentrickfilmdar.gulliverstrandetaufderinse
llilliput,wirdzunächstvondenwinzigeneinwohnerngefesselt,gewi
nntdannimmermehrihrefreundschaft,verhinderteinenkriegund
darfzurbelohnungzuneuenabenteuernbeidenriesenausziehen.

Indemutopischenfilmvon1965wirdeinu-bootsamtbesatz
ungaufdiegrößevonmikrobengeschrumpftundindieblut
bahneineswissenschaftlersgespritztummiteinemlasers
trahleinblutgerinnselimgehirnzubeseitigen.Umdasabenteuerspan
nenderzumachenhatdiebesatzungnursechzigminutenzeitfürdasunternehm
en,danachwürdesiewiederzuwachsenbeginnenundvonantikörpernvernichtetwerden.

Auf den folgenden Seiten übt ihr weiter die Großschreibung. Nebenbei erfahrt ihr mehr über fantastische Filme, in denen Winzlinge und Riesen eine Rolle spielen.

Achtung: Text verbessern!

Indemfantastischenfilmvon1988erfindeteinschrulligerprofess
reineverkleinerungsmaschine,dieseinebeidenkinderundzwein
chbarskinderversehentlichaufdiegrößeeinerstecknadelschru
pft.derwegdurchdeneigenengartenwirdfürsiezueinemabenteu
rlichenausflug,ehesiewiederinihreursprünglichegrößeverwan
eltwerden.

Kleine Ursache, große Wirkung

4 Wie fit seid ihr in der Großschreibung? Testet euch selbst mit einem Partnerdiktat. Denkt daran: Manchmal werden sogar Verben und Adjektive großgeschrieben.

Gullivers Reisen
Regie: Peter Hunt, 1976
„Gullivers reisen" aus dem jahr 1726 ist das bekannteste werk des englischen autors Jonathan Swift und ist oft verfilmt worden. In dem roman kommt Gulliver auf einer seiner weltreisen in das zwergenland Lilliput und verliert fast seine freiheit. Bei der zweiten schiffsreise fehlt es an süßwasser zum trinken, Gulliver rettet sich auf die riesen-insel Brobdingnag und kann erst nach zwei jahren das weite suchen. Der held des buches, der im land Lilliput eine ganze schiffsflotte an seilen hinter sich herzieht und riesige fässer wein der kleinen bewohner wie gefüllte bon-bons verputzt, kann sich auf der insel der riesen nur mit mühe und not gegen ratten und fliegen wehren. Etwas derartiges hat noch niemand erlebt, dennoch geht Gulliver das reisen nicht aus dem kopf und er erlebt noch viel erstaunliches beim erforschen der weltmeere. Übrigens, das interessante ist, dass beim erscheinen des romans zunächst nur erwachsene als leser angesprochen werden sollten. Erst später wurde daraus das berühmte buch für kinder und jugendliche.

Achtung: Text verbessern!

5 Kontrolliert eure Diktate mit der Partnerin oder dem Partner. Verwendet dazu die Prüfmethoden für die Großschreibung. Begründet jedes Wort, das ihr am Wortanfang großgeschrieben habt.
Wie viele „normale" Substantive/Nomen kommen vor?
Wie viele Verben und wie viele Adjektive werden in dem Text als Substantive/Nomen gebraucht?

6 Vielleicht hat euch der Test aus Aufgabe 4 gezeigt, in welchem Bereich der Großschreibung ihr noch üben solltet.

Wählt A, B oder C!

Hier wiederholt ihr die Großschreibung von Substantiven/Nomen mit den bekannten Prüfmethoden.

Hier übt ihr speziell die Großschreibung von substantivierten/nominalisierten Adjektiven mit Signalwörtern.

Hier übt ihr speziell die Großschreibung von substantivierten/nominalisierten Verben mit Signalwörtern.

A

Die unglaubliche Geschichte des Mister C.
Regie: Jack Arnold, 1957

Die in der tat unglaubliche geschichte eines mannes, der unter den auswirkungen einer radioaktiven wolke immer mehr schrumpft, bis er kleiner als ein zündholz ist und im puppenhaus wohnt. Auf der flucht vor der zum riesenhaften untier gewordenen katze stürzt er in den keller. Dort unten warten sensationelle abenteuer auf ihn. Mit einer spinne kämpft er um ein stück brot, eine mausefalle wird ihm zum verhängnis und eine überschwemmung befördert ihn fast ins jenseits. Zum schluss flieht er durch ein gitter nach draußen. Ein reizvoller abenteuerfilm mit besonderem aufwand an originellen tricks, der heute zu den klassikern des fantastischen films zählt.

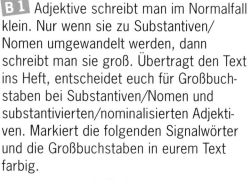

Achtung: Text verbessern!

A1 Schreibe den Text über den Film „Die unglaubliche Geschichte des Mister C." ab, markiere die Großbuchstaben, die du setzen willst, farbig. Prüfe dabei: Was kann man anfassen, was könnte man haben, welche Begleiter sind ein Signal für die Großschreibung, welcher Endbaustein signalisiert, dass das Wort großgeschrieben wird?

A2 Stellt euch vor, ihr seid in dem Keller von Mister C. Listet mindestens zehn Wörter auf: Was man hier alles anfassen kann (z. B. Regale, Konserven ...), was man haben könnte (z. B. Panik, Hunger ...). Achtet auf die Großbuchstaben.

B

B1 Adjektive schreibt man im Normalfall klein. Nur wenn sie zu Substantiven/Nomen umgewandelt werden, dann schreibt man sie groß. Übertragt den Text ins Heft, entscheidet euch für Großbuchstaben bei Substantiven/Nomen und substantivierten/nominalisierten Adjektiven. Markiert die folgenden Signalwörter und die Großbuchstaben in eurem Text farbig.

Artikel:
der, die, das, ein, eine ...
Versteckte Artikel:
aufs, beim, im, ins ...
Mengenwörter:
viel, wenig, ohne, alles, genug, manches ...

Liebling, ich habe die Kinder geschrumpft
Regie: Joe Johnston, 1988

In diesem film erfindet ein zerstreuter physikprofessor eine verkleinerungsmaschine. Das verhexte ist, dass seine kinder und die nachbarsjungen in seiner abwesenheit durch die maschine auf stecknadelgröße geschrumpft werden. Die so verkleinerten werden vom erfinder unabsichtlich zusammengefegt und in der mülltonne auf die straße gestellt. Von dort müssen sich die kleinen durch den zur riesenhaften wildnis gewordenen rasen zum haus zurückkämpfen. Die lebensgefährlichen situationen bieten immer wieder viel neues und überraschendes, etwas derartiges haben die kinder noch nie erlebt. Wenig gutes ahnen die kinder, als ameisen und ein skorpion auftauchen. Diese begegnungen fordern glücklicherweise keine verletzten oder toten. Mancherlei gefährliches erleben die winzlinge auch im haus. Hier sind sie zwar im warmen und im trockenen, doch noch hat das fantastische kein ende.

Achtung: Text verbessern!

B2 Adjektive in festen Wortverbindungen führen auch Signalwörter mit sich, also schreibt man diese Adjektive immer groß. Schreibt die Wortverbindungen auf, markiert die Signalwörter.

weit – das ●eite suchen
frei – im ●reien übernachten
schwarz – ins ●chwarze treffen
gut – zum ●uten wenden
gering – nicht das ●eringste verraten
kurz – den ●ürzeren ziehen
rein – ins ●eine schreiben
trocken – auf dem ●rockenen sitzen
gut – zum ●esten geben

Formuliert mit einer Partnerin oder einem Partner Beispielsätze.

Unterwegs mit der Großschreibung

C 1 Verben schreibt man normalerweise klein. Nur wenn sie zu Substantiven/Nomen umgewandelt werden, dann schreibt man sie groß. Schreibt den Text in der richtigen Schreibweise ab. Markiert die Signalwörter für die Großschreibung und die großgeschriebenen Anfangsbuchstaben.

Artikel:
das, ein ...

Versteckte Artikel:
am, ans, aufs, beim, durchs, fürs, im, ins, im, vom, zum ...

Pronomen:
dieses, jenes, kein, mein ...

C 2 Sammelt zwölf Verben, die durch Signalwörter zu Substantiven/Nomen werden. Ordnet nach: Artikel: das **V**erkleinern, verstecktem Artikel: beim **V**erkleinern, Pronomen: sein **V**erkleinern. Vielleicht schafft ihr es, nur Verben zu finden, die mit dem Filmthema „Winzlinge und Riesen" zu tun haben.

Die Reise ins Ich
Regie: Joe Dante, 1987
ist eine humorvolle variante zu Richard Fleischers „fantastischer reise". Eigentlich freut sich der gestresste supermarktgehilfe Jack aufs ausspannen. Doch inmitten einer menschenmenge setzt ihm ein von einem killer verfolgter wissenschaftler eine spritze, zum fliehen bleibt keine zeit. Dieses impfen hat für Jack ungeahnte folgen. Ab jetzt hat er einen kleinen mann im ohr. Tuck ist testpilot und versuchsobjekt einer forschungsgruppe, die sich mit dem verkleinern von personen und objekten befasst. Tuck wurde zusammen mit seinem u-boot zum schrumpfen gebracht, zum aufbewahren wurde er in eine spritze aufgezogen. Jetzt ist er in Jacks körper, verursacht einigen stress, doch durchs trinken und plaudern kommen sich die männer näher. Eine gangsterorganisation ist jetzt hinter Jack und Tuck her. Die verfolgten treffen auf Tucks ehemalige freundin, der schüchterne Jack findet sie zum verlieben. Die männerfreundschaft gerät ins wanken, doch das überleben ist wichtiger. Das überrumpeln der gangster ist fast eine kleinigkeit und Tuck wird in letzter minute aus seiner ungewöhnlichen umgebung befreit.

Achtung: Text verbessern!

Film ab und richtig schreiben!

7 Seht euch möglichst ein oder zwei von den Filmen, die in diesem Kapitel vorgestellt wurden, an. Danach sollt ihr Wörterlisten erstellen, mit denen ihr weiter üben könnt.
Erinnert euch und ordnet die Wörterlisten so:

- Lebewesen, die in den Filmen vorkommen
- Dinge, die zur Ausstattung der Filme gehören
- Gefühle, die die Schauspieler oder Trickfiguren haben und ausdrücken
- Tätigkeiten, die die Helden und ihre Gegenspieler ausüben.
  Achtung: Verben im Infinitiv notieren!
- Beurteilungen: Wie bewertet ihr einzelne Filmszenen und Verhaltensweisen der Helden?
  Überprüft mit den Proben zur Großschreibung, ob ihr alle notierten Wörter richtig geschrieben habt.

8 Stellt für andere mit den Wörterlisten kurze Übungsdiktate aus zwei oder drei Sätzen zusammen. Bei den Tätigkeiten und Beurteilungen müsst ihr die Verben und Adjektive erst noch mit Hilfe von **Signalwörtern** zu Substantiven/Nomen umwandeln:
z. B.
fliehen = **Sein** Fliehen hatte keinen Sinn,
gruselig = **Das** Gruseligste war die Veränderung seines Aussehens.

Zeichensetzung – keine Jongliererei!

Ich setze immer zu viele Kommas.

Ich verwechsele häufig Konjunktionen und Präpositionen. ...

1 Zeichensetzung ist für viele ein Problem. Auch für euch? Woran liegt das eurer Meinung nach?

2 Wenn ihr genauer untersuchen wollt, wie hoch der Anteil der Zeichensetzungsfehler in euren Texten ist, dann könnt ihr so vorgehen: Jeder nimmt sein Aufsatzheft und stellt eine Statistik seiner Fehler zusammen. Dazu müsst ihr zunächst absprechen, wie viele Aufsätze ihr heranziehen wollt.

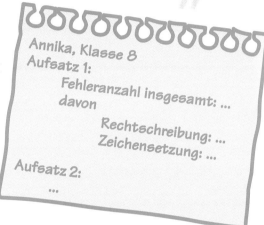

Annika, Klasse 8
Aufsatz 1:
  Fehleranzahl insgesamt: ...
  davon
    Rechtschreibung: ...
    Zeichensetzung: ...
Aufsatz 2:
  ...

3 Viele Menschen setzen die Satzzeichen nach Gefühl. Oft klappt das auch, aber im Zweifelsfall helfen nur die Regeln. Tragt zusammen, was ihr noch über die Regeln zur Zeichensetzung wisst.

In diesem Sprachbuch-Spezial findet ihr Aufgaben und Übungen, die euch helfen sicherer in der Zeichensetzung zu werden. Dabei könnt ihr eine eigene Zeichensetzungsmerkmappe zusammenstellen, Wandplakate zur ständigen Eigenkontrolle entwerfen, Übungsdiktate für die Klasse erarbeiten.
So ganz nebenbei erfahrt ihr auch noch etwas über das Jonglieren. Pflicht- und Wahlaufgaben stellt ihr euch in einem eigenen Arbeitsplan zusammen.

Ihr bestimmt selbst:

- welche Arbeitsblätter ihr bearbeitet,
- welche Wahlaufgaben ihr euch aussucht,
- womit ihr beginnt,
- in welchem Tempo ihr arbeitet,
- ob ihr allein oder mit anderen zusammen arbeiten wollt,
- ob ihr in der Schule oder auch zu Hause arbeiten wollt.

Wenn euch Zeit bleibt, könnt ihr noch mehr Arbeitsblätter bearbeiten und so eure Zeichensetzungsmerkmappe erweitern.

Tipp: Solch eine Arbeit am Sprachbuch-Spezial kann ganz schön anstrengend sein. Zur Entspannung zwischendurch gibt es Übungen mit Tüchern, Diabolos und Tellern. Wenn ihr die Texte auf den Arbeitsblättern richtig zusammensetzt, entstehen Übungsanweisungen für das Jonglieren. Bestimmt besitzen schon einige von euch solche Geräte oder sie sind sogar in der Schule vorhanden. Viel Spaß bei der Zeichensetzung und beim Jonglieren!

Diese Vorbereitungen und Absprachen müsst ihr treffen:

- **Material besorgen:**
- Din-A4-Papier gelocht
- Din-A4-Mappen
- Plakatpapier
- Nachschlagewerke
- Ablagekästen zur Korrektur für Lehrerin und Lehrer

- **Wie lange wollt ihr an diesem Thema arbeiten?**

- **In welchen Abständen und in welcher Form sollen Ergebnisse ausgetauscht werden?**

- **Wie könnt ihr erreichen, dass alle in Ruhe arbeiten können?**

So könnte ein **Arbeitsplan** aussehen: Zeichensetzung
Arbeitsplan für die Zeit vom ... bis ...

Pflichtaufgaben

❶ Vier Arbeitsblätter auswählen und bearbeiten; die Arbeitsblätter 1 und 5 müssen dabei sein.

❷ Mindestens eine Wahlaufgabe auswählen und bearbeiten.

❸ Ein Inhaltsverzeichnis anlegen und als zweite Seite einheften.

❹ Den Umschlag des Schnellhefters gestalten.

Tipp: Ihr habt abgesprochen, dass ihr eure Arbeitsergebnisse austauscht. Besonders übersichtlich gestaltete Seiten könnt ihr auf ein Wandplakat übertragen. Dieses dient dann zur ständigen Erinnerung, wenn ihr Texte schreibt, egal in welchem Fach.

Wahlaufgaben

❶ Auf einer Karteikarte die wichtigsten Zeichensetzungsregeln zusammenstellen und zu jeder ein Beispiel dazuschreiben. Diese Karte könnt ihr immer benutzen, wenn ihr Texte schreibt.

❷ Auf einer Karteikarte eine Liste aller Satzschlusszeichen zusammenstellen und zu jedem ein Beispiel bilden.

❸ Für einen Freund oder eine Freundin ein Arbeitsblatt zu den Zeichnungen auf dieser Seite erstellen: Einen Text über das Jonglieren mit Tüchern schreiben und kein Satzzeichen setzen. Denkt daran: Erst das Jonglieren selbst ausprobieren, dann den Text schreiben.

❹ Einen Zeitungstext suchen, in dem die indirekte Rede verwendet wird. Diese soll in die direkte Rede mit der richtigen Zeichensetzung umgewandelt werden.

❺ Selbst einen Text aussuchen und versuchen alle darin verwendeten Kommas zu begründen.
„Das ist ein Relativsatz, deshalb steht vor ‚der' ein Komma."

Jonglieren mit Tüchern

❶ Tuch mit Fingerspitzen der rechten Hand halten

❷ Arm über die linke Schulter heben

❸ im Beginn einer Winkbewegung Tuch hoch werfen

❹ den linken Arm heben

❺ mit der linken Hand Tuch von oben greifen

❻ linken Arm über rechte Schulter werfen

❼ Bewegung immer wiederholen – Tuch beschreibt liegende Acht

❽ jetzt mit zwei Tüchern

❾ mit der rechten Hand wie gelernt beginnen – vor dem Fangen das andere Tuch werfen

Das Komma bei Aufzählungen und in Satzreihen

Wir bringen etwas in Bewegung

Pferde Elefanten Seelöwen Affen **und** Raubtiere	Wer ist nicht fasziniert von der Zirkuswelt mit ihren …	1. Aufzählung gleichberechtigter Wörter
gelenkige Artisten balancierende Jongleure **oder** tolpatschige Clowns federleichte Tücher blitzende Keulen **und** bunte Diabolos	Gebannt schauen die Zuschauer auf die … Bei Straßenfesten geben die Jongleure dem Publikum …	2. Aufzählung gleichberechtigter Wortgruppen
wie schnell man eine Kaskade mit Tüchern werfen kann einen Teller auf einer Stange jonglieren kann **oder** einen Diabolo werfen kann	Tatsächlich staunt man, …	3. Aufzählung gleichberechtigter Gliedsätze Achtung: In Aufzählungen ersetzt „und" oder „oder" das Komma.
Die Arbeitsgemein-schaften „Jonglieren" sind bei Schülerinnen und Schülern sehr beliebt. **aber** Viele Lehrer können selbst noch nicht jonglieren. Niemand ist sofort ein perfekter Jongleur. **sondern** Man muss ausdauernd trainieren.	Viele Schulen schaffen immer mehr solcher Geräte an, denn …	4. Aufzählung von Hauptsätzen mit den Konjunktionen: „dann", „aber", „sondern"

1 Versuche den vollständigen Text „Wir bringen etwas in Bewegung" zusammenzusetzen. Achte auf die Kommasetzung und darauf, dass die aufgezählten Wörter im richtigen Fall stehen.

2 Formuliere die Regel zur Kommasetzung in der Aufzählung.

Das Komma steht bei Aufzählungen zwischen gleichrangigen Wörtern, Wortgruppen oder Sätzen, wenn sie nicht durch „und" oder „oder" verbunden sind.

Das Komma in Satzgefügen

Das Diabolo

| Jonglieranfänger greifen gern zu einem Diabolo. | weil | Das Jonglieren damit ist faszinierend. |

1 Füge die beiden Sätze dreimal zu verschiedenen Satzgefügen nach den Mustern zusammen:

HS, Konjunktion **GS**

Konjunktion **GS,** **HS**

HS, Konjunktion **GS,** **HS**

Achte dabei auf die Stellung der Satzglieder im Gliedsatz.

2 Formuliere die Regel für die Kommasetzung in Satzgefügen.

3 Welcher Satz gehört zu welchem Satzmuster? In den Sätzen 1 bis 3 helfen dir noch die Kommas dabei.

❶ Während der linke Handstock waagerecht auf Hüfthöhe gehalten wird, soll der rechte zu Beginn nach unten gerichtet sein.

Für Rechtshänder ist es vorteilhaft, dass das Diabolo neben dem rechten Fuß auf dem Boden liegt.

❷ Zieh mit dem rechten Handstock nach oben, so dass das Diabolo auf der Schnur entlang rollt.

4 Nachdem du die Sätze den Satzmustern zugeordnet hast, schreibe sie alle mit der richtigen Kommasetzung auf.

Achtung: Komma setzen!

❸ Wenn du schneller wirst, rollt das Diabolo an der Schnur immer höher nach oben.

❹ Die linke Hand senkt sich sobald die rechte nach oben geht etwas nach unten.

Das Komma steht zwischen Haupt- und Gliedsatz. Der Gliedsatz kann Vor-, Zwischen- oder Nachsatz sein. Der Zwischensatz wird in Kommas eingeschlossen.

❺ Anschließend senkt sich die rechte Hand weil die linke dann nach oben geführt wird.

Die rechte Hand geht etwa so weit nach unten bis sie 10 cm unter der linken ist.

❻ Dann schnellt die rechte Hand während die linke nach unten schlägt nach oben.

5 Sammle weitere Wörter mit der Endung -ieren und stelle sie in der Gruppe vor.

Das Komma bei Relativsätzen

Der Jonglierteller

← **der**

Der Teller hat in der Mitte eine Vertiefung.

Leg den Teller auf den Stock.

den

Du hältst den Stock senkrecht in der Hand.

1 Verbinde den Hauptsatz mit den beiden anderen Hauptsätzen. Benutze dazu die vorgegebenen Relativpronomen.

2 Formuliere die Regel für die Kommasetzung zwischen Haupt- und Relativsätzen.

3 Schreibe den Text mit der richtigen Kommasetzung ab. Suche jeweils ein passendes Relativpronomen.

Lege den rechten Zeigefinger an den Stock ● ● ● nach wie vor genau nach oben zeigen muss.
Dreh den Teller ● ● ● du bisher mit dem Daumen und Zeigefinger der linken Hand gehalten hast zu dir.
Bewege dein rechtes Handgelenk rechts herum.
Lass die Stockspitze in die Rille ● ● ● sich unter dem Teller befindet rutschen.
Jetzt halte dein Handgelenk plötzlich steif.
Der Teller ● ● ● sofort in die Mitte zurückspringt dreht sich jetzt schneller als vorher.

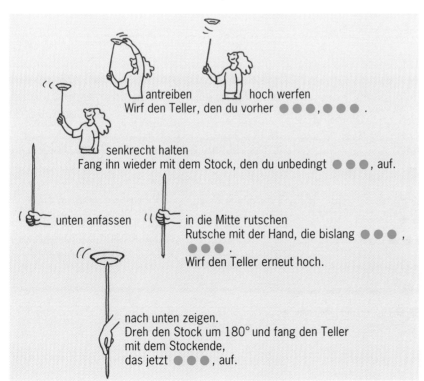

antreiben   hoch werfen
Wirf den Teller, den du vorher ● ● ● , ● ● ● .

senkrecht halten
Fang ihn wieder mit dem Stock, den du unbedingt ● ● ● , auf.

unten anfassen   in die Mitte rutschen
Rutsche mit der Hand, die bislang ● ● ● ,
● ● ● .
Wirf den Teller erneut hoch.

nach unten zeigen.
Dreh den Stock um 180° und fang den Teller mit dem Stockende,
das jetzt ● ● ● , auf.

4 Schreibe selbst eine kleine Spielanweisung für das Tellerjonglieren. Formuliere möglichst Haupt- und Relativsätze. Die Bilder und die Satzbruchstücke helfen dir dabei.

Das Komma steht zwischen Haupt- und Relativsatz. Steht der Relativsatz innerhalb des Hauptsatzes, wird er in Kommas eingeschlossen.

Zeichensetzung bei direkter Rede

Das Publikum „aufwärmen"

Du kommst auf die Bühne und sprichst überhaupt nicht.
Winke dem Publikum zu und „rufe" pantomimisch: **„Hallo!"**
Irgendjemand aus dem Publikum sagt bestimmt laut ●●● .
●●● sagst du darauf pantomimisch wieder und forderst
alle auf, dir zu antworten, indem du die Hände an die Ohren
legst. Versuche das jetzt immer im Wechsel. Du sagst pantomimisch ●●● und ●●● ruft das Publikum zurück.
Du kannst das Publikum auch in zwei Hälften teilen.
Deute der einen Hälfte an, dass sie still sein soll und „sage"
●●● zu der anderen Hälfte. Dabei hebst du einen Arm.
Anschließend lässt du die andere Hälfte rufen, indem du den
anderen Arm hebst. Am Schluss hebst du beide Arme und
●●● schreien alle gleichzeitig.

1 Schreibe den Text ab und setze dabei immer „Hallo!" als direkte Rede ein. Achte dabei auf die Zeichensetzung!
Unterstreiche den Begleitsatz rot, wenn er vorangestellt, und blau, wenn er nachgestellt ist.

2 Hier kannst du den Begleitsatz in die direkte Rede einbetten. Schreibe die Jongliertipps so ab. Achte wieder besonders auf die Zeichensetzung.

Jonglieren ist eine rhythmische Angelegenheit ●●● also mach Musik an beim Üben.	sagt der eine
Fordere dich heraus! ●●● und versuche z. B. nach drei guten Würfen weitere.	meint ein anderer
Gib dich nie zufrieden! ●●● lerne immer neue Tricks.	erklärt ein Dritter

3 Was kannst du über die unterschiedliche Zeichensetzung in der direkten Rede sagen? Benutze dazu die folgenden Hilfen:

❶ Ist der Begleitsatz vorangestellt, dann …
●●●●●●●●●: „ – – – – –."

❷ Ist der Begleitsatz nachgestellt, dann …
„ – – – – –", ●●●●●●●●●.
„ – – – – –?", ●●●●●●●●●.

❸ Ist der Begleitsatz eingeschoben, dann …
„ – – – – –", ●●●●●●●●●, „ – – – – –."
„ – – – – –!", ●●●●●●●●●, „ – – – – –."

Die direkte Rede wird vom Begleitsatz durch
Anführungsstriche getrennt. Dazu gibt es drei
Möglichkeiten:

❶ Begleitsatz vorangestellt, dann endet er mit
einem Doppelpunkt.
❷ Begleitsatz nachgestellt, dann wird er durch
ein Komma abgetrennt – auch nach einem Frage-
oder Ausrufesatz.
❸ Begleitsatz eingeschoben, dann wird er am
Anfang und am Ende durch ein Komma begrenzt.

Die Zeichensetzungsfehlerseite

Damit nichts schief geht

1 Besonders wichtig ist die Zeichensetzung in deinen eigenen Texten. Übe deshalb mit Sätzen, die du selbst geschrieben hast und in denen du Fehler gemacht hast. Suche deshalb aus deinen Klassenaufsätzen möglichst viele solcher Sätze heraus.

2 Zähle, in welchen Bereichen der Zeichensetzung dir am häufigsten Fehler unterlaufen sind.
Hast du bei deiner Arbeitsblattauswahl wirklich die Seite mit den Fehlerschwerpunkten weggelassen, bei denen du am wenigsten Fehler gemacht hast?

- Aufzählung
- direkte Rede
- Satzreihe
- Satzgefüge: HS, GS
  GS, HS
  HS, GS, HS
- Relativsätze: HS, RS
  RS, HS
  HS, RS, HS

3 Lege für deine drei größten Problembereiche je eine Zeichensetzungsfehlerseite an. Hier ein Vorschlag:

Tipp: Du kannst deine Zeichensetzungsfehlerseiten jederzeit erweitern und sie in die Mappe einheften. Übe immer wieder allein oder mit einem Partner.

Satzgefüge mit „dass"

Ist wirklich allen klar, dass man sich beim Diabolospielen sehr konzentrieren muss?

Satzmuster: HS, Konjunktion – GS.

Regel: Zwischen Haupt- und Gliedsatz steht immer ein Komma.

Weitere Beispiele zu diesem Zeichensetzungsproblem kannst du auf deiner Zeichensetzungsfehlerseite notieren. Dies können weitere Fehlersätze aus deinen Aufsätzen sein oder auch neue Sätze.

Meistens getrennt

Wörter werden normalerweise auseinander geschrieben. Wann man Wörter aber doch zusammenschreiben muss, kann man durch Nachdenken herausfinden. In Einzelfällen muss man sich auch Zusammenschreibungen merken.

Grund-Station
Hier gilt die Grundregel:
auseinander schreiben.

Nachdenk-Station
Hier helfen Proben
weiter.

Merk-Station
Hier muss man sich
Wörter einprägen.

Kontroll-Station
Hier kann man sein
Wissen überprüfen.

Übungen zur Zusammen- und Getrenntschreibung findet ihr in diesem Kapitel.
Die Übungen könnt ihr zu Arbeitsblättern für ein „Zirkeltraining" zusammenstellen, so könnt ihr immer wieder üben. Ihr könnt die Übungen aber auch einfach nacheinander durcharbeiten.

❶ Schreibe möglichst viele Wortgruppen mit den folgenden Verben auf.

liegen
kennen
schwimmen
baden schlafen
sitzen schätzen
stecken hängen
gehen bleiben
lassen lernen

sitzen bleiben, kennen lernen

❷ Benutze die Wortgruppen in Sätzen oder kleinen Texten. Auch Unsinnstexte sind erlaubt.
Vorsicht: Im Satz wird oft aus dem Infinitiv ein Partizip.
sitzen bleiben → sitzen geblieben

Meine Schwester hat gesagt, ich soll das besser bleiben lassen, sonst würde ich sie kennen lernen.

❸ Verbinde die blauen Substantive/Nomen mit den roten Verben. Schreibe möglichst viele Möglichkeiten auf, die einen Sinn ergeben.

Angst Auto Eis Kopf
Halt Leid Not Ski
Rat Schuld Musik Nüsse
Teppich laufen tragen
suchen klopfen fahren
stehen leiden tun haben
machen

❹ Ergänze die passenden Substantive/Nomen.
Wenn du ●●● suchst, kannst du gerne zu uns kommen.
Wenn du mit mir ●●● laufen willst, kannst du mitkommen.
Wenn ihr lieber ●●● fahren wollt, müsst ihr in die Berge fahren.

Angst Auto Eis Halt Rat
Kopf Musik
Not
Schuld Ski Nüsse
Teppich

Erfindet selbst solche Sätze und entwerft daraus ein Arbeitsblatt für die Grund-Station.

Arbeits-
blatt
Selbermachen

So könnt ihr herausfinden, ob ein Adjektiv und ein Verb zusammengeschrieben werden oder auseinander.

Steigerungsprobe

Wenn der erste Teil in einer Wortverbindung gesteigert werden kann, schreibt man die beiden Wörter auseinander:

Den Bericht hast du gut geschrieben.
Probe: Diesen Bericht hast du noch besser geschrieben.
Also: gut schreiben

Wenn der erste Teil in einer Wortverbindung nicht gesteigert oder erweitert werden kann, schreibt man die beiden Wörter zusammen:

Auf der Sparkasse wurde mir der Betrag gutgeschrieben.
Nicht möglich: Auf der Sparkasse wurde mir der Betrag besser geschrieben.
Also: gutschreiben

Nachdenk-Station

❶ Wie werden die Wörter geschrieben? Mache die Probe.
Lustig ist es, wenn du das mit einer Partnerin oder einem Partner zusammen machst.

Herr Müller soll nicht immer schwarz●arbeiten.
Nicht möglich: Herr Müller soll nicht immer schwärzer arbeiten.
Also: schwarzarbeiten

schwarz●arbeiten   lang●weilen   bereit●halten

voll●enden   genau●nehmen   schwarz●sehen   hell●sehen

locker●sitzen   sauber●schreiben   hell●strahlen

❷ Hier gibt es zwei Schreibweisen: getrennt und zusammen. Schreibe zu jedem Verb zwei Sätze, so dass man die unterschiedliche Bedeutung erkennen kann. Mache die Probe.

Das Gericht möchte den Angeklagten freisprechen.
Nicht möglich: Das Gericht …

Vor der Klasse kann ich frei sprechen.
Probe: Vor der Klasse kann ich ganz frei sprechen.

fest●stellen   sicher●gehen   frei●sprechen   kurz●treten

❸ Setze die Wörter oder Wortgruppen richtig zusammen.

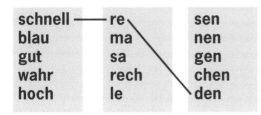

schnell	re	sen
blau	ma	nen
gut	sa	gen
wahr	rech	chen
hoch	le	den

Begründe die Schreibweise mit witzigen Erklärungen: „Wahrer sagen" als die Wahrsagerin kann ich nicht.

Erfindet selbst ein Silbenrätsel aus den Wörtern auf dieser Seite und macht daraus ein Arbeitsblatt für die Nachdenk-Station.

Arbeitsblatt Selbermachen

Dies ist eine alphabetisch geordnete Liste
von kleinen Wörtern, Partikeln, die mit Verben
immer zusammengeschrieben werden.

ab-	daneben-	drin-	heran-	hinab-	hinzu-	unter-	wieder-
an-	dar-	durch-	herauf-	hinan-	inne-	vor-	zu-
auf-	d(a)ran-	ein-	heraus-	hinauf-	los-	voran-	zurecht-
aus-	d(a)rein-	einher-	herbei-	hinaus-	mit-	vorauf-	zurück-
bei-	darnieder-	empor-	herein-	hindurch-	nach-	voraus-	zusammen-
beisammen-	darum-	entgegen-	hernieder-	hinein-	nieder-	vorbei-	zuvor-
da-	davon-	entlang-	herüber-	hintan-	ran-	vorher-	zuwider-
dabei-	dawider-	entzwei-	herum-	hintenüber-	über-	vorüber-	zwischen-
dafür-	dazu-	fort-	herunter-	hinterher-	überein-	vorweg-	
dagegen-	dazwischen-	gegenüber-	hervor-	hinüber-	um-	weg-	
daher-	drauf-	her-	herzu-	hinunter-	umher-	weiter-	
dahin-	drauflos-	herab-	hin-	hinweg-	umhin-	wider-	

❶ Versuche die fünf
Verben mit möglichst
vielen der gelb unter-
legten Partikel zu
verbinden. Erkläre die
Bedeutung, indem du
witzige „Wer-Sprüche"
dazuschreibst.

lassen

geben

stehen

kommen

gehen

geben:
angeben   Wer angibt, hat mehr vom Spiel.
aufgeben   Wer aufgibt, gibt auch ab.

gehen:
hingehen   Wer hingeht, geht auch weg.
...

❷ Gehe auf die Suche nach solchen zusammen-
gesetzten Wörtern. Benutze dazu das Wörterbuch.
Schreibe die Wörter, die du gefunden hast,
durcheinander auf ein Arbeitsblatt und
lasse sie von den anderen alphabetisch
ordnen oder in Sätze einfügen.

Arbeits-
blatt
Selbermachen

❸ Löse die Wörterrätsel.
Macht der Dieb, wenn die Polizei kommt:
● –hau–en
Unverhofft – nicht nur im Winter: ● schn– – – –
Machen der Taucher und die Sonne: ● ge– – –
Müsst ihr bei einem Rätsel: ● de– – – –
Erfindet selbst solche Rätsel
und macht daraus ein Arbeitsblatt
für die Merkstation.

Arbeits-
blatt
Selbermachen

❹ Folgende Zusammensetzungen müst
ihr euch merken:

heim-	heimbringen, heimfahren ...
statt-	stattfinden, stattgeben
irre-	irreführen, irreleiten
teil-	teilhaben, teilnehmen
preis-	preisgeben
wett-	wettmachen
stand-	standhalten

Im Satz können sie auch getrennt werden. Schreibe jeweils
drei Sätze nach folgendem Muster:
Bringst du mich heim? – Ich soll dich heimbringen? –
Ja, du hast mich doch schon einmal heimgebracht.

Nehmen wir daran teil? – ...

Findet das Konzert statt? – ...

Macht ihr das wieder wett? – ...

❺ Verbindungen mit „irgend" werden zusammengeschrieben. Schreibe einen Satz, in dem möglichst
viele Wörter mit „irgend-" vorkommen.
Wenn irgendjemand irgendetwas ...

❶ Hier sind kleine Texte zu interessanten Berufen. Schreibe sie in der richtigen Schreibweise ab. Was haben die Berufe gemeinsam?

MARCOWIRDZUMELEKTORINSTALLATEUR AUSGEBILDET. INDENLETZTENTAGENHATER DURCHBRÜCHEVONEINEMZUMANDEREN STOCKWERKGEBOHRTUNDDIELEITUNGEN VONOBENNACHUNTENDURCHGEZOGEN.

MARKUSWIRDNACHSEINERAUSBILDUNGALS ELEKTROMASCHINENBAUERJEDEN ELEKTROMOTORINSTANDSETZENKÖNNEN.

Schreibt selbst solche Texte in der Bandwurmform. Achtet darauf, dass Wörter aus diesem Kapitel darin vorkommen. Macht aus euren Texten Arbeitsblätter für die Kontroll-Station.

SANDRALERNTKRAFTFAHRZEUGELEKTRIKERIN UNDHATSCHONDIEVERSCHIEDENSTEN TESTGERÄTEKENNENGELERNT. SIEMUSSINIHREMBERUFALLESSEHRGENAUNEHMEN.

Arbeits-
blatt
Selbermachen

Kontroll-Station

❷ Schreibt den Text als Partner- oder als Laufdiktat.

Wandern von Station zu Station

Anja und Silvia sind schon viel herumgekommen. Silvia ist gelernte Zimmerin, Anja hat nach ihrem Abitur eine Ausbildung als Tischlerin durchlaufen. Nach ihren Lehrjahren haben sie keinen festen Arbeitsplatz angenommen, sondern sind nach alter Gesellenart losgewandert, sind von zu Hause weggegangen und haben sich vorgenommen drei Jahre und einen Tag umherzuziehen. Vielleicht sind sie auch irgendwann in eurem Heimatort vorbeigekommen und haben nach Arbeit oder Unterkunft gefragt. Reich werden die Wandergesellinnen auf ihrer Wanderschaft nicht, denn mit fünf Mark verlassen sie ihre Heimat und genau fünf Mark dürfen sie am Ende ihrer Reise wieder mitbringen. Wie viele Kilometer sie dann zurückgelegt haben, hängt auch davon ab, ob sie zwischendurch mal von irgendjemandem mitgenommen werden. Sie dürfen sich nämlich während ihrer Wanderschaft fortbewegen, wie sie wollen, nur kosten darf es nichts.

Bietschwolleball – oder?

['rʌgbɪ]

['striːtbɔːl]

['vɔlibɔːl]

[krɔslauf]

1 Welche Sportarten sind hier in Lautschrift aufgeschrieben worden? Könnt ihr sie auch richtig an die Tafel schreiben? Probiert ruhig verschiedene Möglichkeiten aus. Schlagt dann in einem Wörterbuch nach und lest die Erklärungen vor.

2 Wie geht ihr vor, wenn ihr bei der Rechtschreibung von Fremdwörtern oder schwierigen Wörtern unsicher seid?

Ich probiere aus, wie das Wort am besten aussieht!

Ich ...

3 Viele Menschen benutzen nicht gern ein Wörterbuch. Versucht zu erklären, woran das liegen kann.

In diesem Kapitel übt ihr das Nachschlagen mit dem Wörterbuch und mit Hilfe des Computers. Außerdem übt ihr Fremdwörter und schwierige Wörter, also die „Wörter zum Merken".

['skaiˈsəːfn̩]

Fremde Wörter

4 Suche zehn Wörter aus dem Wörterbuch heraus, von denen du meinst, dass sie schwierig zu schreiben sind. Diktiere sie anschließend deiner Partnerin oder deinem Partner. Wenn du einen Fehler siehst, unterbrich sofort. Dein Partner muss das falsch geschriebene Wort nachschlagen und dann richtig schreiben. Wechselt die Rollen.

Einigt euch auf drei Wörter, die besonders schwierig zu schreiben waren, und schreibt sie an die Tafel.

> Minitower, Folie
>
> vegetarisch, Clique
>
> Lady, Xylophon
>
> ...

5 Was hat euch beim Nachschlagen Schwierigkeiten bereitet?

Ich finde manchmal nicht den richtigen Anfangsbuchstaben.

...

Wenn man in einem Wörterbuch nachschlägt, tauchen oft mehrere Probleme auf. Gleich oder ähnlich klingende Laute werden z. B. als unterschiedliche Buchstaben geschrieben. Besonders ärgerlich ist es, wenn solche Laute am Wortanfang auftauchen.

Findet man ein Wort nicht unter
- **f**, sucht man unter **ph**, **pf**, **v**,
- **k**, sucht man unter **c**, **ch**, **qu**, **x**.

Findet man ein Wort nicht mit
- **i**, sucht man mit **ie**, **ee**, **ea**, **y**,
- **au**, sucht man mit **ou**, **ow**.

Wenn ihr ein Wort nicht gleich findet, solltet ihr mutig verschiedene Schreibmöglichkeiten durchprobieren:

Karackter – nicht gefunden!

Carackter – nicht gefunden!

Charakter – aha!!

6 Unterstreicht die Problemstellen der Wörter an der Tafel. Nehmt für ähnliche Rechtschreibhürden immer dieselbe Farbe.

7 Was wollt ihr üben?

Wählt A, B, C oder D!

Für diejenigen, die sich mit f, ph, pf, v als Anfangsbuchstaben befassen wollen

Für diejenigen, die sich mit c, k, ch, qu, x als Anfangsbuchstaben befassen wollen

Für diejenigen, die auf die Suche nach Wörtern mit dem i-Laut gehen wollen

Für diejenigen, die Wörter mit dem au-Laut suchen wollen

`A1` `B1` `C1` `D1` Schreibt die Wörter von der Tafel ab, die zu eurer Gruppe gehören.

`A2` `B2` `C2` `D2` Jeder in der Gruppe übernimmt einen Buchstaben oder eine Buchstabengruppe und sucht möglichst viele weitere Beispiele schwierig zu schreibender Wörter. Benutzt dabei das Wörterbuch.
ph: Pharao, Phänomen ...

Tipp: Wörter mit dem „i-" oder „au-Laut" findet ihr, wenn ihr sie im Wörterbuch an der 2. oder 3. Buchstabenstelle nach einem oder zwei Konsonanten sucht.

`A3` `B3` `C3` `D3` Diktiert euch in der Gruppe gegenseitig eure Wörter. Schlagt dabei immer wieder nach.

`A4` `B4` `C4` `D4` Schreibt jetzt die gesammelten Wörter in Päckchen geordnet auf ein Wandplakat.

`A5` `B5` `C5` `D5` Überlegt, wie ihr die Wörter üben wollt. Schreibt zwei Übungsmöglichkeiten auf das Plakat. Ihr könnt Übungen erfinden oder Vorschläge hier übernehmen.

f	ph	pf	v	
Fakten	Phase	Pfusch	vegetarisch	
Frequenz	...	...	...	...

c	k	ch	qu	x
Camembert	Kattegatt	Charakter	bequem	Xylophon
...	...	...	...	...

i	ie	ee	ea	y
Finesse	Folie	Beef-Steak	Dream	Lady
...	...	...	...	...

au	ou	ow
Fauna	Foul	Minitower
...	...	...

Aufgaben zum Üben:
- dem Partner Wörter aus einem Päckchen diktieren,
- immer drei Wörter aus einem Päckchen lernen und auswendig aufschreiben,
- mit jedem Wort einen Satz bilden,
- Wörter aus einem Päckchen mit anderen Wörtern kombinieren,
- die Problemstellen in den Wörtern mit einer anderen Farbe schreiben,
- verwandte Wörter suchen, Wortfamilien bilden.

8 Stellt euch gegenseitig die Ergebnisse vor: die Wörter vorlesen, ihre Bedeutung erklären, die Übungen vorstellen.

9 Mit den Wörtern auf dem Wandplakat weiterüben
Übt immer nur Wörter aus einem Päckchen gleichzeitig! Geht erst zum nächsten Päckchen, wenn ihr alle Wörter dreimal richtig geschrieben habt.

Wenn ihr alle Wörter eines Plakats geübt habt, nehmt ihr euch das nächste Plakat vor. Erst dann beginnt ihr Wörter von verschiedenen Plakaten zu mischen, z. B. in einem Partnerdiktat.

In vielen Büchereien und Schulen findet ihr bereits Wörterbücher auf einer CD-ROM. Vielleicht besitzt jemand von euch solch ein Nachschlagewerk. Bei der Suche nach dem richtigen Wort geht der Computer ähnlich vor, wie es euch auf Seite 149 vorgeschlagen wird: Schritt für Schritt. Hat der Computer in der eingegebenen Schreibweise ein Wort nicht gefunden, sucht er es mit einer anderen, ähnlichen Schreibweise. Probiert es einmal aus.

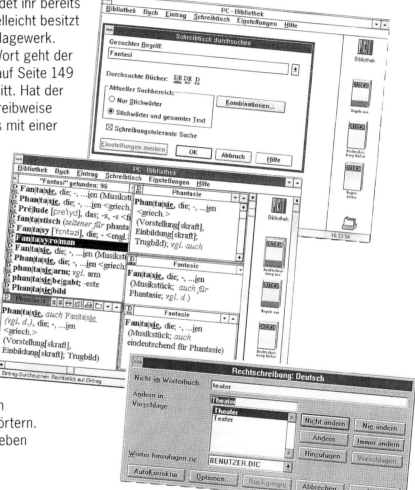

10 Schaltet den Computer ein und startet das Wörterbuch von der CD-ROM.
Gebt das Wort „fantasi" so falsch geschrieben ein. Welche Eintragungen zeigt das Computerbild?

11 Befragt die PC-Bibliothek nach schwierig zu schreibenden Wörtern. Gebt sie auch einmal falsch geschrieben ein. Findet der Computer immer die Wörter, die ihr meint?

12 Mit einem Textverarbeitungsprogramm kann man ebenfalls die Rechtschreibung eines Wortes oder eines Textes überprüfen.
Schreibt einen Text, eine kurze Zeitungsmeldung oder ein Stück aus dem Lesebuch mit Hilfe des Computers ab.

- Markiert den Text, der überprüft werden soll.
- Startet mit dem Cursor das Rechtschreibprogramm.
- Habt ihr ein Wort fehlerhaft geschrieben, bietet das Programm die richtige Schreibweise an.
- Mit dem Befehl „Ändern" könnt ihr die Rechtschreibung korrigieren.

Lerninhalte

Erzählen/Schreiben

Gesucht! Der witzigste Limerick (6 – 9):
Limericks
- Limericks als eine Form von Unsinns-Gedichten kennen lernen
- Aufbau und Reimschema erkennen
- mit Sprache spielerisch und kreativ umgehen; selbst Limericks schreiben
- Limericks aus anderen Sprachen oder Mundart-Limericks übersetzen

Schreibideen (10 – 13):
Kreatives Schreiben
- Geschichten schreiben; Anregungen durch Situationen und Reizwörter
- Schreibgespräche durchführen
- Parallel-Gedichte konzipieren
- Geschichten zu fantastischen Bildern schreiben

In Ruhe betrachtet (14 – 17):
Kreatives Schreiben: Anregungen durch bildende Kunst
- ein Gemälde bzw. Details eines Gemäldes genau betrachten
- eigene Eindrücke und Stimmungen, ausgelöst durch das Gemälde, wiedergeben
- sich in das Bild hineinversetzen
- eine Ich-Geschichte zu einem Gemälde schreiben
- eine Szene aufgrund eines Gemäldes nachstellen, sich in die Rolle einer Person versetzen

Kriminelle Fantasie (18 – 21):
Perspektivisches Erzählen
- eine Handlung anhand von Bruchstücken rekonstruieren
- den Wechsel der Perspektive als Erzähltechnik kennen lernen und nutzen
- Minikrimis schreiben
- in Schreibkonferenzen Texte beurteilen und verbessern

Argumentieren/Erörtern

Explosiv! (22 – 25):
Partnerbezogenes Sprechen
- Streitgespräche analysieren
- Gesprächskiller erkennen und damit umgehen lernen
- dem Gesprächspartner zuhören und auf ihn eingehen
- anhand eines Klassen-Rollenspiels Erfahrungen mit unterschiedlichem Gesprächsverhalten machen

Misch dich da nicht ein! (26 – 29):
Mündliche Erörterung/Diskussion
- ein Problem von verschiedenen Seiten betrachten
- die PMI-Methode als Vorbereitung auf eine Diskussion einsetzen
- in Diskussionen argumentieren
- in einem Leserbrief die eigene Meinung zu einem Problem erörtern

Dann schau ich immer weg (30 – 33):
Schriftliche Erörterung
- zum Problem „Gewalt im Fernsehen" Umfragen vorbereiten, durchführen und auswerten
- Tortendiagramme als eine Möglichkeit der grafischen Aufbereitung der Ergebnisse kennen lernen
- eine Untersuchung zum Thema „Gewalt im Fernsehen" durchführen
- eine Schreibdiskussion führen
- Argumente und Gegenargumente schriftlich notieren
- eine Erörterung schreiben

Auch ihr könnt etwas tun (34 – 39):
Appellieren/Höflich miteinander umgehen
- Informationen über das Leben der Kinder in der Dritten Welt sammeln
- sich für Probleme öffnen und Engagement entwickeln
- nach einer Anleitung Papiertüten kleben und dadurch eine eigene Erfahrung machen
- ein Dritte-Welt-Projekt vorbereiten und durchführen
- schriftliche und mündliche Appelle an Organisationen und einzelne Leute richten
- Briefe höflich formulieren und formal richtig schreiben
- im Gespräch Argumente höflich entkräften

Spielen

Wer nicht hören will, muss fühlen? (40 – 45):
Szenisches Spiel
– ein Standbild zum Thema „Gewalt" nachstellen
– über Aggression und Gewalt sprechen
– Gefühle pantomimisch darstellen
– eine kleine Spielszene zum Thema „Aggression und Gewalt" entwickeln
– Ausschnitte aus Jugendbüchern zum Thema in Szenen umsetzen

Informieren

Der Bewerbungstrainer (46 – 53):
Bewerbung und Lebenslauf
– Software mit Informationen für eine Bewerbung besorgen
– die äußere Form eines tabellarischen oder ausführlichen Lebenslaufs kennen lernen und einen eigenen Lebenslauf schreiben
– ein Bewerbungsschreiben formal richtig konzipieren
– eine Bewerbungsmappe zusammenstellen

Wer macht was? (54 – 57):
Arbeitsplatzbeschreibung
– verschiedene Berufe im Druckbereich kennen lernen
– sich in „Beruf aktuell" informieren
– Telefongespräche effektiv führen
– in einem Geschäftsbrief um eine Arbeitsplatzerkundung bitten
– Erkundungsbogen für eine Arbeitsplatzbeschreibung vorbereiten und vor Ort ausfüllen
– eine Arbeitsplatzbeschreibung anfertigen

Betriebspraktikum – im Deutschunterricht? (58 – 61):
Praktikumsbericht
– über das Betriebspraktikum im Zusammenhang mit dem Fach Deutsch nachdenken
– ein Formular für Tagesberichte selbst entwickeln
– Tagesberichte während des Betriebspraktikums schreiben
– einen Fragebogen zur Beurteilung des Betriebspraktikums entwickeln
– einen Abschlussbericht als persönliche Auswertung des Praktikums schreiben

Die Ernährungspyramide (62 – 65):
Diagramme/Sachbericht
– über Essgewohnheiten nachdenken
– Tabellen und Diagramme als Möglichkeit kennen lernen, Informationen knapp und grafisch darzustellen
– Tabellen und Diagramme lesen lernen
– ein Interview auswerten und daraus einen Sachbericht schreiben
– eigene Ernährungsgewohnheiten mit Untersuchungsergebnissen vergleichen
– selbstständig Informationen für Sachberichte zum Thema „Ernährung" besorgen

Große Tümmler, kurz und bündig (66 – 69):
Textzusammenfassung
– Informationen über Delphine sammeln
– verschiedene Arbeitstechniken kennen lernen, um die wichtigsten Informationen aus einem Text herausfiltern zu können, und diese ausprobieren
– die Informationen präsentieren und kleine zusammenfassende Texte schreiben

Inhaltsdiagramme (70 – 77):
Inhaltsangabe
– ein Lieblingsbuch, einen Spielfilm, ein Musical oder ein Theaterstück empfehlen
– Balladen lesen
– Schlüsselfragen und Inhaltsdiagramm als zwei Arbeitsmethoden für die Inhaltsangabe kennen lernen und ausprobieren
– eine Inhaltsangabe mit Hilfe der neuen Methoden schreiben

Stecknadeln im Heuhaufen? (78 – 81):
Arbeiten mit dem Lexikon
– Sachfragen mit Hilfe von verschiedenen Nachschlagewerken zu beantworten versuchen
– zwischen Wörterbuch und Lexikon unterscheiden lernen
– richtiges Nachschlagen üben
– Nachschlage-Rätsel entwerfen und einen Wettbewerb veranstalten

Keine Angst vor einem Referat (82 – 87):
Referieren
– über Probleme beim Referieren sprechen
– einen Arbeitsplan für ein Referat aufstellen
– Informationen aus einem Text filtern und inhaltlich und grafisch aufbereiten
– das Referat proben

Grammatik

Internationale Wörter (88 – 91):
Fremdwörter
– Fremdwörter als Internationalismen entdecken
– die Bedeutung von Fremdwörtern aus dem Kontext erschließen
– Fremdwörter im Wörterbuch nachschlagen
– die Bedeutung von Wortbausteinen erkennen
– die Herkunft von Fremdwörtern in Erfahrung bringen
– Sprachspiele mit Fremdwörtern
– über den Gebrauch von Fremdwörtern reflektieren und diskutieren

Fliegenköpfe, Schmutztitel und Signaturen (92 – 95):
Fachsprache
– Fachwörter aus dem Druckbereich kennen lernen
– einen Fachwortschatz zu einem Interessengebiet zusammenstellen
– Fachbegriffe anderen erklären

Voll geil, Ihro Gnaden! (96 – 99):
Wortbedeutung/Bedeutungsänderung
– Bedeutungsänderung von Wörtern erkennen
– Jugendsprache erforschen und ein Wörterbuch der Jugendsprache zusammenstellen
– einen Text von der Hochsprache in Jugendsprache übersetzen
– über die Verwendung von Jugendsprache diskutieren
– den Gebrauch von Anredepronomen im 18. Jahrhundert im Vergleich zu heute untersuchen

Sprachbilder – Bildersprache (100 – 101):
Metapher
– Metaphern als Sprachbilder erkennen lernen
– Metaphern sammeln und ihre wörtliche und übertragene Bedeutung erklären

Berühmte Männer und Frauen (102 – 105):
Wiederholung: Tempus
– Funktion und Form der Tempora Präsens, Präteritum, Perfekt, Plusquamperfekt und Futur spielerisch wiederholen und üben
– unterschiedliche Verwendung derselben Zeitform

Unbekannte Täter (106 – 109):
Aktiv/Passiv
– Gebrauch und Bildung des Passivs kennen lernen und üben
– Passiv und Aktiv gegenüberstellen und die unterschiedliche Bedeutung und Wirkung untersuchen
– die Bildung des Passivs in den verschiedenen Zeitformen üben

Der schreckliche Pfeilgiftfrosch (110 – 113):
Attribute
– mit der Umstell-Probe und der Weglass-Probe Attribute ermitteln
– Attribute als wesentlichen Bestandteil eines Satzes erkennen
– vorgestelltes und nachgestelltes Attribut unterscheiden und verwenden
– Relativsätze als zu Sätzen ausgeformte Attribute erkennen und in Texten verwenden

Sind wir denn wirklich so? (114 – 117):
Modalität, Indikativ/Konjunktiv
– über Vorurteile nachdenken und sprachlich relativieren
– konventionelle Meinungen über Mädchen und Jungen hinterfragen
– mit Hilfe von Modalverben Aussagen über Mädchen und Jungen relativieren
– einen Text über eine Welt, in der Frauen- und Männerrollen vertauscht sind, schreiben
– Indikativ und Konjunktiv in Form und Funktion unterscheiden

Etwas genauer, bitte (118 – 121):
Satzglied/Gliedsatz
– Satzglieder wiederholen, in Sätzen erfragen
– Satzglieder ersetzen, ergänzen und benennen
– Erkennen, dass Gliedsätze die Stelle eines Satzgliedes einnehmen
– Adverbialbestimmungen und Adverbialsätze in einem Text verwenden
– mit der Klang-Probe bestimmen, was sprachlich besser passt

Schule kaputt? (122 – 125):
Indirekte Rede
– über Vandalismus in der Schule nachdenken
– Funktion und Bildung der indirekten Rede kennen lernen und üben
– eine Klassenratssitzung durchführen, die wichtigsten Aussagen aufschreiben und im Konjunktiv wiedergeben
– eine Meinungsumfrage zu Zerstörungen in der Schule durchführen
– die Ergebnisse der Meinungsumfrage veröffentlichen

Rechtschreiben

Spruchreife Rechtschreibung (126 – 131):
Wiederholung der Rechtschreibstrategien
– eine individuelle Fehleranalyse durchführen
– die Prüfmethoden Mitsprechen, Ableiten und die Prüfmethoden für die Großschreibung (Anfass-Probe,
  Haben-Probe, Artikel-/Begleiter-Probe und Baustein-Probe)
  wiederholen und anwenden
– Tipps zum selbstständigen, individuellen Üben

„Fantastische" Großschreibung (132 – 135):
Groß- und Kleinschreibung
– Großschreibung wiederholen
– Prüfmethoden einsetzen
– Signalwörter für substantivierte/nominalisierte Verben
  und Adjektive erkennen

Zeichensetzung – keine Jongliererei! (136 – 143):
Freiarbeit: Sprachbuch-Spezial
Wahlaufgaben:
– eine Karteikarte mit den wichtigsten Zeichensetzungsregeln erstellen
– Übungstexte für andere herstellen
– indirekte in direkte Rede umwandeln und auf die richtige
  Zeichensetzung achten
– die Zeichensetzung in einem selbst gewählten Text
  begründen

Pflichtaufgaben:
– das Komma bei Aufzählungen und in Satzreihen
– das Komma in Satzgefügen
– das Komma bei Relativsätzen
– die Zeichensetzung bei wörtlicher Rede
– eine individuelle Zeichensetzungsfehlerseite anlegen

Meistens getrennt (144 – 147):
Getrennt- und Zusammenschreibung
– Getrenntschreibung von Verb und Verb, Substantiv/
  Nomen und Verb, Adjektiv und Verb
– Zusammenschreibung von Partikel und Verb und Adjektiv
  und Verb
– Arbeitsblätter für andere entwerfen

Bietschwolleball – oder? (148 – 151):
Nachschlagen
– Lautschrift kennen lernen
– über eigene Erfahrungen beim Nachschlagen sprechen
– Nachschlagen üben; Arbeitstechniken und Tricks dazu
  lernen
– das Nachschlagen schwieriger Wörter üben
– Wörterbücher auf CD-ROM und die Rechtschreibprüf-
  programme bei der Kontrolle der eigenen Rechtschreibung heranziehen

Register

Bild- und Textquellenverzeichnis

Bildquellen

Seite 9: Burkhard Vollmers, Babenhausen

Seite 10: Karoline Schierhorn, Friedeburg

Seite 13: Max Peintner: Die ungebrochene Anziehungskraft der Natur 1970/71. Aus: Max Peintner: Ewigkeit im Tagbau. Linz: edition neue texte 1977.
René Magritte: Das Schloss in den Pyrenäen. Giraudon, Paris. © VG Bildkunst, Bonn 1998

Seite 14/15: Bartolomé Estéban Murillo: Bettelbuben beim Würfelspiel. Joachim Blauel, Artothek, Peissenberg. Alte Pinakothek München

Seite 17: Edward Hopper: Automat. Des Moines Art Center, Des Moines

Seite 26: Bilderberg, Ellerbrock, Hamburg

Seite 30: Aus: Tele Vision 3/97, Nr. 17. Hille: Medien Publikations- und Werbegesellschaft mbH. S. 23, 30.
Aus: SFX, Nr. 1 Feb./März 1997. Königswinter: Heel Verlag GmbH. S. 42.
Aus: Gorezone, Nr. 8 1989. New York: Gorezone. S. 24, 27.
Kinoarchiv Engelmeier, Hamburg

Seite 32: Aus: Tele Vision 3/97, Nr. 17. Hille: Medien Publikations- und Werbegesellschaft mbH. S. 71

Seite 34: terre des hommes, Bundesrepublik Deutschland e. V., Hilfe für Kinder in Not, Osnabrück 07/95, sec – Staperfeld.
Kinderarbeit in Kohlebergwerken: dpa, Frankfurt

Seite 37: Unicef Deutschland, Köln.
Deutsches Rotes Kreuz, Bonn.
Brot für die Welt, Stuttgart.
Diakonisches Werk der Evangelischen Kirche in Württemberg e. V., Stuttgart.
Caritas-Verband der Diözese Rottenburg-Stuttgart, e.V.

Seite 40: Karoline Schierhorn, Friedeburg

Seite 43: Mirjam Pressler: Bitterschokolade. Weinheim und Basel: Beltz 1980/86, Programm Beltz & Gelberg, Weinheim

Seite 45: Aus Klaus Steffens, Titelbild zu Jürgen Banscherus: Davids Versprechen. © Würzburg: Arena Verlag GmbH 1993

Seite 46: Kaufmännische Krankenkasse KKH, Hannover. Foto: Axel Göhner, Stuttgart

Seite 47: Joanna Kruzel, Rastatt

Seite 53: Axel Göhner

Seite 54: Kraftfahrerin: Hans Madej, Bilderberg, Hamburg.
Drucker: Jürgen Kleine, Ammerbuch.
Papiermacher: G. Schneider, Helga Lade Fotoagentur, Frankfurt a. M.
Bürokaufmann: H. R. Bramaz, Helga Lade Fotoagentur, Frankfurt a. M.
Buchbinderin: Jürgen Kleine.
Reprotechnikerin: Jürgen Kleine.
Handelsfachpacker: Jürgen Kleine

Seite 62: KELLOGG Company. US-Dep. of Agriculture and US-Dep. of Health and Human Services

Seite 63: Aus: Dagmar von Cramm: Was Kinder gerne essen. München: Gräfe und Unzer Verlag GmbH 1991.
Aus: Biologie heute. 7. – 10. Schuljahr, Hessen. Hannover: Schroedel GmbH 1996.
Aus: Umwelt Biologie 7. – 10. Länderausgabe A. Stuttgart: Ernst Klett Verlag 1996. S. 259

Seite 64: Aus: Biologie heute. 7. – 10. Schuljahr, Hessen. Hannover: Schroedel GmbH 1996

Seite 66: Mauritius, Pigneter, Stuttgart

Seite 67: Aus: Heathcote Williams: Kontinent der Wale. Frankfurt: 2001 Verlag 1990. S. 99. Foto: Al Giddings, Ocean Images Inc.
Deutsches Institut für Filmkunde, Frankfurt

Seite 70: Maj Sjöwall/Per Wahlöö: Verschlossen und verriegelt. Reinbek bei Hamburg: Rowohlt Taschenbuchverlag 1975. © 1975 by Rowohlt

Taschenbuch Verlag GmbH, Reinbeck.
Edgar Wallace: Der schwarze Abt. Goldmann: München 1996. Tony Stone, München

Seite 78: Deutsche Post AG, Bonn.
Hans Herbert Schulze: PC-Lexikon. Computer rororo. Reinbek bei Hamburg: Rowohlt 1993.
Ullstein Multimedia: Lexikon der Musik auf CD-ROM 1994. Berlin: Ullstein.
PONS Bildwörterbuch. Deutsch, englisch, französisch, spanisch. Stuttgart: Klett 1992.
Herbert Read, Nikos Stangos (Hrsg.): DuMont's Künstler-Lexikon. Köln: DuMont 1991. Thames and Hudson, London.
Meyer Multimedia: Das Wunder unseres Körpers. Mannheim: Bibliografisches Institut & F. A. Brockhaus AG 1997

Seite 84: Deutsche Luftbild, Hamburg.
Deutsches Schifffahrtsmuseum, Bremerhaven

Seite 85: Mauritius, Stuttgart.
Bildarchiv Günter Franz BFF, Bremen

Seite 102: dpa, Leonhardt Frank, Frankfurt

Seite 104: Astrid Lindgren: Keystone Pressedienst, Hamburg.
Marilyn Monroe: Keystone Pressedienst, Hamburg.
Beatles: AKG, Berlin.
Steffi Graf: dpa, Dedert, Frankfurt

Seite 105: Mozart: BPK, Berlin.
Bill Gates: dpa, epa AFP, Frankfurt

Seite 110: Minden-Pictures, Aptos, USA

Seite 111: Minden-Pictures, Aptos, USA

Seite 113: Minden-Pictures, Aptos, USA.
Rolf Bechter, Zürich

Seite 120: CD-ROM: W. A. Mozart: Die Zauberflöte. München: v. Rheinbaben & Busch Verlag. Vertrieb: Ernst Klett Vertriebsgesellschaft mbH
Seite 122: Luigi, Helga Lade Fotoagentur, Frankfurt.
Der Niedersächsische Kultusminister, Hannover
Seite 125: Luigi, Helga Lade Fotoagentur, Frankfurt
Seite 132/133: Kinoarchiv Peter W. Engelmeier, Hamburg
Seite 151: CD-ROM: Duden-Bibliothek. Die deutsche Rechtschreibung, Version 1.1. Mannheim, Leipzig, Wien, Zürich: Bibliographisches Institut.
© Die Wiedergabe der Screen Shots erfolgt mit Genehmigung der Microsoft Corporation.

Textquellen

Seite 9: Meyers Enzyklopädisches Lexikon Bd. 15. Mannheim-Wien-Zürich: Bibliografisches Institut 1975. S. 106.
Seite 13: Die Gedichte von Bertolt Brecht in einem Band. Frankfurt a. M.: Suhrkamp 1981. 1. Auflage. S. 1022.
Seite 29: Anzeiger für Harlingersiel vom 5. 8. 1996.
Seite 33: Saarbrücker Zeitung vom 4.2.1997.
Seite 35: Nach: Unterrichtsbogen 2. terre des hommes, BR Deutschland, Osnabrück.
Seite 43 – 44: Mirjam Pressler: Bitterschokolade. Weinheim: Beltz & Gelberg 1986. S. 63/64, S. 66.
Seite 45: Jürgen Banscherus: Davids Versprechen. Würzburg: Arena 1997, © 1993. S. 93 – 96.
Seite 67 – 69: Nach: Greenpeace-Faltblatt: Greenpeace e. V. (Hrsg.): Delphine. Schutz für die kleinen Wale. Hamburg 2/95.
Seite 71: Aus: Beate Pinkerneil (Hrsg.): Das große deutsche Balladenbuch. Frankfurt am Main: Athenäum Verlag 1987. S. 438.
Seite 74: Aus: Beate Pinkerneil (Hrsg.): Das große deutsche Balladenbuch. Frankfurt am Main: Athenäum Verlag 1987. S. 135 ff.
Seite 76/77: Aus: Beate Pinkerneil (Hrsg.): Das große deutsche Balladenbuch. Frankfurt am Main: Athenäum Verlag 1987. S. 395.

Seite 79: Lexikon-Institut Bertelsmann (Hrsg.): Bertelsmann Universallexikon CD-ROM. Gütersloh: Bertelsmann Lexikonverlag 1994.
Seite 82: Nach: Gene Stanford: Gruppenentwicklung im Klassenzimmer und anderswo. Aachen: Hahner Verlagsgesellschaft 2. Auflage 1991. S. 26 f.
Seite 84: Die Entstehung der Ostfriesischen Inseln: Nationalparkverwaltung „Niedersächsisches Wattenmeer" (Hrsg.), Klaus Wonneberger/Imke Zwoch: Spiekeroog-Prospekt. Wilhelmshaven 1993.
Spiekeroog gestern: Kurverwaltung Spiekeroog (Hrsg.), Albert Gerdes: Spiekeroog-Prospekt, Enno Söker, Esens. Bremen 1995.
Seite 85: Das Watt – mal Land, mal Meer: Kurverwaltung Spiekeroog (Hrsg.), Albert Gerdes: Spiekeroog-Prospekt, Enno Söker, Esens. Bremen 1995.
Sturmfluten: Nach: Kurverwaltung Spiekeroog: Spiekeroog-Gastgewerbeverzeichnis 1996.
Seite 89: Nach: Ulrich Schnabel in: Die Zeit vom 23. 9. 94. Hamburg: Zeitverlag 1994.
Duden, Fremdwörterbuch Band 5, Mannheim: Dudenverlag 1990, S. 563.
Seite 96: Nach: H. Ehmann: affengeil. Ein Lexikon der Jugendsprache. München: Beck 1993.
Seite 98: Kinder- und Hausmärchen. Gesammelt durch die Brüder Grimm. München: Winkler 1990.
Seite 102: © Dieter Schoen: TOP 20 – Die besten Tennisspieler der Welt. München: Copress 1996.
Seite 105: Bill Gates: Der Weg nach vorn. Hamburg: Hoffmann und Campe 1995.
Seite 110 – 112: Nach: „Illustrierte Wissenschaft" Nr. 4, 5. Jahrgang April 1996. Norderstedt: Bonnier Publications. S. 35 f.
Seite 115: Nach: Juma 2/1995. Redaktion Juma, Köln. Mönchengladbach: TSB Tiefdruck Schwann-Bagel GmbH. S. 10 f.
Seite 117: Gerd Brantenberg: Die Töchter Egalias. München: Frauenoffensive 1987. S. 7.
Seite 127: Nach: Hans Domenego/Hilde Leiter: Im Fliederbusch das Krokodil singt wunderschöne Weisen. Wien: Jugend und Volk 1978. S. 122.

Seite 129: Gilbert Obermair: Wortspielereien. München: Heyne 1981. S. 141.
Seite 138 – 142: Nach: Dave Finnigan: Alles über die Kunst des Jonglierens. Köln: DuMont 1988. S. 14, 326 ff., 378 ff., 438.

Nicht in allen Fällen war es uns möglich, den Rechteinhaber ausfindig zu machen. Berechtigte Ansprüche werden selbstverständlich im Rahmen der üblichen Vereinbarungen abgegolten.

Dieses Werk folgt der reformierten Rechtschreibung und Zeichensetzung.

Gedruckt auf Papier aus chlorfrei gebleichtem Zellstoff, säurefrei.

1. Auflage   1 5 4 3 2 1 | 2002 2001 2000 99 98

Alle Drucke dieser Auflage können im Unterricht nebeneinander benutzt werden, sie sind untereinander unverändert.
Die letzte Zahl bezeichnet das Jahr des Druckes.
© Ernst Klett Verlag GmbH, Stuttgart,
und ÖBV Pädagogischer Verlag GmbH, Wien, 1998.
Internetadresse: http://www.klett.de
Alle Rechte vorbehalten.

Redaktion:
Nicole Brandau, Dr. Iris C. Seemann

Gestaltungskonzeption:
Arbeitsgemeinschaft Schulbuch
Bertron & Schwarz, Alfred Marzell, Christina Ilg

Illustration:
Mathias Hütter, Alfred Marzell, Arne Beck

Layoutsatz:
Bertron & Schwarz
Gruppe für Gestaltung GmbH, Schwäbisch Gmünd
Christina Ilg

Druck:
Appl, Wemding

ISBN 3-12-316801-8